# PLAN

## D'UNE RESTAURATION GENERALE

## DANS LES FINANCES.

*Et se vend A PARIS,*

Chez NYON l'aîné & Fils, Libraires, rue du Jardinet.

Prix, 9 liv. broché.

# DE
# L'IMPOT TERRITORIAL,
## COMBINÉ AVEC LES PRINCIPES
## DE L'ADMINISTRATION
# DE SULLY ET DE COLBERT,
## ADAPTÉS A LA SITUATION ACTUELLE DE LA FRANCE.

*PAR M. le comte DE LAMERVILLE.*

*Felicitas populi, potentia regum.*

A STRASBOURG,
DE L'IMPRIMERIE DE ROLLAND ET JACOB.
*AVEC PERMISSION DU ROI.*
1788.

# AU ROI.

SIRE,

Le bien de votre service, l'honneur de votre couronne, intéressent tous les bons citoyens, puisqu'ils sont inséparables du bien de l'État. Leur zele s'est assez manifesté dans l'auguste assemblée que VOTRE MAJESTÉ a convoquée pour la consulter sur les plus grands intérêts de la nation. Ces notables ont porté la lumiere sur les vrais principes qu'on doit adopter sur l'administration des finances : ils ont prouvé que cette partie du Gouvernement est le foyer du bonheur public.

En effet, SIRE, il s'agit de la plus grande prospérité de vôtre royaume ; il s'agit d'immortaliser votre regne, en rendant vos peuples heureux ; et, puisqu'il est vrai qu'entre les potentats le plus riche est le plus puissant, il s'agit de mettre VOTRE MAJESTÉ à sa place.

L'administration des finances, abandonnée depuis un siecle aux variations de ses différents systêmes, n'a éprouvé que des changemens continüels qui ont porté le plus grand préjudice aux affaires publiques. On n'a embrassé aucun plan fixe : après l'excès de l'impôt, on n'a connu d'autres expédiens que les emprunts. On a négligé les vraies ressources qui appartiennent à tous les peuples agricoles, et qui sont de tous les temps, le TERRITOIRE.

Pénétré de ces grands objets, SIRE, j'ai puisé dans les sources les plus pures les principes du plan d'administration sur les finances, que j'ai eu l'honneur de présenter à VOTRE MAJESTÉ en 1782. Les opérations en sont consacrées par l'expérience de plusieurs peuples, et par le sentiment des plus grands hommes. Ce plan, SIRE, est jugé depuis long-temps par l'opinion publique: ses bases font connaître toutes les ressources de la France; son exécution en convaincra les nations; et l'Europe étonnée doit se courber devant VOTRE MAJESTÉ.

Mais, SIRE, c'est dans votre sagesse profonde, c'est dans votre amour pour vos peuples, que ces vues patriotiques trouveront la protection dont elles ont besoin. L'époque de votre regne permettant à la France de porter des regards plus attentifs sur sa félicité intérieure, c'est l'instant de remplir sa destinée, en adoptant un plan d'administration dont toutes les parties liées ensemble sont indivisibles, dont les moyens ne tendent qu'au plus grand bien, dont l'exécution assure à vos peuples un bonheur durable.

Je suis, avec le plus profond respect,

SIRE,

DE VOTRE MAJESTÉ,

Le très-humble, très-obéissant,
et très-fidelle sujet et serviteur,

*J. L. T. HEURTAULT DE LAMERVILLE.*

# HISTORIQUE

## DES MOTIFS

## QUI ONT OCCASIONNÉ CET OUVRAGE

# SUR LES FINANCES.

AVANT de fixer l'attention du public sur cet ouvrage, il paraît nécessaire de l'instruire des causes qui l'ont fait entreprendre.

Ce n'est point un de ces projets enfantés par la folie de l'imagination, ou par les vues d'une ambition mal entendue, c'est une opération puisée dans un dépôt sacré, et formée par l'autorisation du ministere.

C'est M. le maréchal de *Muy* qui, rempli du bien de l'État, conçut ce changement dans l'administration des finances; c'est lui qui remit à l'auteur de cette opération, des mémoires secrets de feu monseigneur le Dauphin, sur cette partie principale du Gouvernement.

En effet, ces mémoires ont servi de bases à ce plan d'administration. Les vues de feu monseigneur le Dauphin étaient de porter la plus grande partie des impositions sur les terres, de détruire tous les impôts indirects, de rendre le commerce intérieur entierement libre d'un bout du Royaume à l'autre.

La réunion de ces principes, dans un plan général, parut si importante à M. le maréchal de *Muy*, qu'il proposa à M. le comte de *Maurepas* de le faire examiner par un comité du conseil. La chose était dans cette situation quand la mort de M. le maréchal de *Muy* et les circonstances de la guerre d'Amérique empêcherent cet examen.

En 1782, ce plan fut présenté au Roi avec tous ses développemens : SA MAJESTÉ l'accueillit avec bonté : mais la jalousie ministérielle en eut de l'ombrage : au lieu d'en prendre connaissance et de l'examiner, elle fit exiler son auteur.

Le changement de ministre termina bientôt cette disgrâce, et le Gouvernement protégea de nouveau cette opération. Le contrôleur général fut chargé de l'examiner ; et il était prêt d'en faire un rapport favorable devant le comité des finances, quand il fut déplacé.

Sous l'administration qui a suivi, on a déployé un système si opposé à l'ordre et à l'économie, qu'on a cru devoir attendre l'épuisement des moyens qu'on employait, et la nécessité qui commande à tout, pour pouvoir mettre au jour ce plan d'administration.

Dans l'état actuel des choses, c'est à un ministere éclairé et pénétré du bien public à discerner les bonnes opérations pour les adopter et les appliquer au rétablissement des finances ; mais c'est à ceux qui les ont méditées depuis vingt ans qu'il appartient de s'en conserver l'honneur, en les présentant aux différens ordres de l'État, pour prononcer sur leurs principes et sur leurs effets.

# DISCOURS

## PRÉLIMINAIRE.

---

*NÉCESSITÉ d'un changement dans les principes de l'administration des finances.*

Si l'administration actuelle des finances pouvait suffire aux charges de l'État, on se garderait bien de proposer d'en changer les principes; on croirait même, malgré tous ses défauts, qu'on devrait s'en tenir à des formes éprouvées, et laisser à la génération future le soin de les réformer, quand les abus se feraient trop sentir. Mais si la régie qui subsiste n'a pas le pouvoir de satisfaire à la dépense, le Gouvernement aurait à se reprocher de maintenir un système dont l'insuffisance des moyens serait reconnue, et de ne pas prêter son attention à un plan d'administration qui présente tout ce qui peut intéresser le bien de l'État et la prospérité publique.

Craindrait-on, en adoptant un nouveau plan, de retomber dans de nouvelles erreurs, et de ne trouver dans ce changement que des inconvéniens plus grands? On répondra avec assurance qu'il est impossible qu'en établissant de bons principes, on ne soit pas maître de ses opérations. En créant un bon système, on a l'avantage de pouvoir en diriger les ressorts, suivant le mouvement et les effets qu'on veut produire. Plus les moyens en sont simples, plus l'exécution en est sûre et rapide; au lieu qu'en continuant de suivre la route qui est tracée, on ne peut travailler qu'à étayer un édifice immense qui n'est plus d'aplomb, dont tous les fondemens sont ébranlés.

## *PRINCIPES.*

Le plan d'administration seul digne d'un Gouvernement sage, ne doit porter que sur deux bases, la *Justice* et la *Simplicité*.

La *Justice* comprend la légitimité des demandes, la possibilité d'y satisfaire, l'égalité dans la répartition.

La *Simplicité* proscrit toute complication dans l'assiete des contributions et dans les moyens de la perception.

En réfléchissant sans prévention sur le systême actuel des finances, y reconnaît-on ces deux principes?

Dans la *Justice*, il peche contre la légitimité des demandes, en ce qu'il force un Roi bon d'exiger de ses peuples beaucoup plus qu'il n'en retire, et qu'il n'a besoin d'en retirer. Il peche contre la possibilité d'y satisfaire, puisque l'excès et la complication des taxes nuisent au plus fort produit de chacune d'elles. Il peche contre l'égalité dans la répartition, parce que la charge des contributions porte principalement sur le pauvre, sans nulle proportion avec le riche.

Dans la *Simplicité*, principe encore plus ignoré que l'autre, on voit une régie dispendieuse qui ruine les peuples. On voit les contributions se reproduire sous toutes les formes et les dénominations possibles; et comme aucune des lois qui les établit n'a une application véritable à l'objet pour lequel elle a été faite, l'arbitraire décide de tout. On voit toutes sortes d'entraves qui anéantissent la plus grande partie des avantages que le Gouvernement pourrait tirer de la fertilité du sol du Royaume, de sa position heureuse pour le commerce, et de l'industrie de ses habitans. On voit sur-tout une denrée nécessaire livrée à la spéculation de l'intérêt particulier, tandis que la liberté du commerce de cette production ferait la richesse de plusieurs provinces, et délivrerait la France de toutes les vexations que sa perception entraîne.

C'est néanmoins cette complication monstrueuse de moyens qui augmente les besoins de l'État, qui rend infructueuses les ressources des emprunts, qui nuit au crédit public, et qui ruine les peuples: c'est cette complication qui enchaîne les grandes vues du Gouvernement sur la suppression de la Gabelle, et qui empêche le changement de la perception de tous les impôts indirects. Ce sont ces obstacles qui ont rendu les travaux de tant d'administrateurs inutiles, parce qu'ils ont été effrayés de la position, et qu'ils n'ont jamais eu de plan fait. Entraînés par le torrent du système établi, ils en ont suivi la routine; et subjugués par l'impulsion du cours rapide de leur administration *passagere*, ils ont été forcés de s'occuper uniquement des besoins du moment, et d'y sacrifier l'avenir. Ils n'ont connu, pour ressources de leur détresse ou de leurs prodigalités, que des impôts et de nouveaux emprunts. Il en est résulté la surcharge des peuples, l'accroissement des intérêts de la dette nationale, et bientôt l'impossibilité de les acquitter.

## ÉPOQUES *mémorables de l'administration des finances.*

DANS cette situation de jour en jour plus pressante, le premier pas vers la vérité est de se rapprocher des grands-hommes qui ont gouverné la France, et de chercher dans leurs sages combinaisons le remede à tant de maux. Deux époques mémorables se présentent sur la partie des finances, et leurs principes doivent servir de modele à tous les siecles pour établir en France un bon plan d'administration. Ces deux époques sont le ministere de *Sully*, celui de *Colbert.*

Les connaissances qu'on a acquises sur la connexité des impôts avec les revenus de la propriété, permettent aujourd'hui de concilier ces deux systêmes, et de les alimenter l'un par l'autre. Ainsi on favoriserait l'agriculture en laissant un libre cours au commerce intérieur, à l'industrie et aux manufactures; ainsi on apprendrait à regarder les productions territoriales comme les premieres richesses de l'État, et le commerce comme l'enfant légitime de l'agriculture.

Sous quel regne, si ce n'est sous celui d'un *Roi juste* et citoyen, pourra-t-on annoncer ces grandes vérités? Ce siecle philosophe et fertile en tant de découvertes utiles n'a-t-il pas éclairé toutes les nations sur ce qui a rapport à leur intérêt public? On n'a donc plus à combattre en France que les contradictions de l'intérêt particulier qui, étant ménagé autant qu'il est possible, doit céder au choc de l'opinion générale.

Déjà le cœur paternel de SA MAJESTÉ s'était déterminé en 1783 à permettre l'examen de ce plan d'administration, qui réunit le triple avantage de rétablir l'ordre et l'économie dans les finances, de soulager les peuples, et de respecter les droits de tous les créanciers de l'État. Si cet examen a été suspendu par le déplacement imprévu d'un ministre integre qui voulait l'adopter pour le rétablissement des finances, peut-être le moment est-il encore plus favorable pour qu'il soit embrassé dans toute son étendue par une décision prompte et absolue, sur-tout dans une circonstance où le *déficit* de la recette ne permet plus de palliatifs impuissans.

Mais pour déterminer et fixer la décision du Gouvernement sur ce plan d'administration, il paraît essentiel d'établir la comparaison des avantages que promet l'exécution des opérations qu'il présente avec les effets dangereux de la situation actuelle.

## *AVANTAGES du plan proposé.*

En effet les nouvelles contributions qu'on admet sont puisées dans la justice; elles sont le tribut indispensable qu'un sujet doit payer à son souverain. La maniere de les percevoir est marquée au sceau de la simplicité; elle délivre le peuple des vexations et des entraves de tous les genres dont il est aujourd'hui la victime.

Dans l'assiete des contributions, on a pris pour bases celles que la nature et la raison indiquent.

1°. Les productions de la terre toujours renaissantes de la fertilité du sol.

2°. Le produit effectif de tous les immeubles en maisons, dont une subvention s'étendra sur tous les loyers. Cet impôt remplacera à peu de frais l'impôt dispendieux des consommations, et portera également sur tous les habitans des villes.

On ne peut douter de la justesse des calculs par rapport aux revenus. Ils comprendront sous une dénomination plus simple la somme du produit de tous les impôts actuels, avec une partie des frais de leur perception. Leur gage ne peut péricliter, puisqu'il ne peut être soustrait. Il existera toujours, puisqu'il est assis sur la propriété, ou sur des bases qui seront fixées par le revenu de la propriété : ainsi les recouvremens sont assurés ; ils sont infaillibles. La différence ne peut donc jamais être que du plus au moins ; et comme, de quelque façon que ce soit, il faut toujours que les peuples payent la dépense, on augmentera et l'on diminuera les impôts suivant les besoins de l'État, par une répartition juste, établie sur des bases invariables qui ne seront plus sujettes à l'arbitraire.

Quant à ce qui peut intéresser la sollicitude du Souverain sur la levée des nouvelles contributions, la population de la France détermine assez évidemment le produit de son territoire, pour en apprécier les revenus avec justesse, et pour assurer indubitablement ceux du fisc.

Quant aux intérêts des peuples, il sera démontré que l'estimation qu'on a faite du produit territorial du Royaume est bien au-dessous du revenu général, si l'on observe qu'il s'exporte chaque année des denrées de toutes les especes, et qu'on n'a établi le produit territorial que relativement à la consommation du simple nécessaire de la population actuelle.

Non-seulement le plan nouveau n'augmente point la contribution des peuples, mais au contraire il la diminue. Il offre au citoyen et au cultivateur des immunités qui les rendront dépositaires de la répartition de leurs impôts, sans pouvoir en abuser. La libre jouissance de leurs propriétés les mettra à même de les améliorer par les moyens de leur industrie, sans craindre l'injustice de la surcharge des taxes arbitraires et prématurées. Leurs travaux, toujours encouragés, tourneront au profit de l'État, et l'enrichiront, en augmentant successivement les revenus publics.

D'ailleurs le Gouvernement ne demandera point ce qu'il demande aujourd'hui. Il exigera beaucoup moins, vu la compensation du profit que chacun trouvera dans la suppression des impôts indirects qui sont plus nuisibles à la France qu'à toute autre nation, par les avantages qu'elle pourrait tirer de cette suppression, pour l'extention de son commerce et pour en rétablir l'équilibre avec l'Angleterre même. Il est donc certain que le nouveau recouvrement ne peut être douteux, puisqu'il sera toujours en raison des besoins de l'État, sans qu'il puisse être une surcharge pour les contribuables.

Ce plan d'administration assure de plus au commerce intérieur une liberté dont il n'a pas joui, qui sera la source des plus grandes richesses. Il rend à l'industrie le ressort dont l'élasticité est comprimée sous les chaînes de la perception actuelle des impôts indirects. Il restitue à la nation la libre jouissance du sel, cette denrée conservatrice donnée par la nature, dont la cherté excessive gêne la consommation, dont les entraves ont détruit en France une des branches les plus essentielles de son commerce avec l'étranger. Il réunit les deux moyens indivisibles, jusqu'ici cherchés en vain, de changer sans inconvénient la perception des impôts actuels, et d'opérer en même-temps la libération des dettes de l'État.

A cet effet il assigne des fonds certains pour liquider la dette publique en trente années sans aucune réduction ; de sorte que les créanciers de l'État verront remplir avec sûreté les engagemens que le Roi a bien voulu prendre à son avénement au trône, et SA MAJESTÉ aura, par cette opération, la satisfaction de voir effectuer cette libération dans le cours de son regne.

Le Royaume n'éprouvera dans ce changement aucune atteinte à sa constitution. Le Clergé et la Noblesse seront maintenus dans la possession de leurs priviléges. Les pays d'États conserveront la forme de leur administration particuliere. Les provinces d'élection deviendront chargées par elles-mêmes de la répartition de leurs impôts : en tout les intérêts du Roi et ceux des peuples y seront également servis et ménagés. Le Gouvernement y verra la perspective des temps où il pourra accorder des modérations et des suppressions d'impôts ; il y trouvera des ressources assurées pour les dépenses du moment; il sera sans inquiétude pour les besoins de l'avenir.

Si l'exécution de ce plan exige une nouvelle méthode de percevoir les contributions, elle n'offre rien de contraire aux usages reçus. Elle s'accorde essentiellement avec les principes des Cours souveraines qui ne respirent qu'après la suppression de tous les impôts indirects. Elle flatte même le génie de la nation, qui préférera toujours de voir la répartition de ses impositions confiée à la vigilance exacte de ses concitoyens, plutôt que d'être soumise à une volonté arbitraire, aussi éloignée de ses intérêts qu'elle est opposée à ceux du Souverain.

On ne peut s'empêcher de reconnaître tous ces avantages dans l'exécution du plan proposé ; il serait même difficile de n'en pas prévoir toute l'étendue progressive. L'abus des anticipations sur les revenus publics

publics disparaîtra; tant d'emprunts royaux multipliés en vain cesseront, l'intérêt des fonds publics étant solidement assuré, et des remboursemens les éteignant en peu d'années, leurs capitaux hausseront de valeur, leur crédit détruira l'agiotage de leur négociation qui se fait aujourd'hui à bas prix par des capitalistes *oisifs*, uniquement occupés de ce trafic, pour y placer leurs fonds sans aucuns risques, à 7 et 8 pour cent d'intérêt.

Alors tout rentrera dans l'ordre naturel des choses; ces capitalistes seront forcés de placer leur argent par hypotheque sur les biens-fonds, ou dans les différentes entreprises du commerce et des manufactures. Ils feront peu-à-peu le transport de leurs capitaux dans les provinces, et ne s'isoleront plus dans la capitale, dont le numéraire immense et concentré se déplacera pour vivifier toutes les parties du Royaume. L'intérêt de l'argent diminuera; les affaires publiques et particulieres se ressentiront de l'abondance de cette circulation. Le Gouvernement y trouvera un crédit fondé et limité sur les provinces qui seront toujours prêtes à s'engager ouvertement pour les besoins de l'État, et d'une maniere qui ne sera plus onéreuse à la postérité.

## DÉSAVANTAGES *du systême actuel.*

On suppose qu'au lieu d'adopter ces principes, le Gouvernement s'en tienne à la routine usée du systême actuel; à quoi doit-on s'attendre? De nouvelles ressources seront imaginées : on ne peut les trouver que dans l'accroissement des charges; et l'on ne peut se dissimuler l'épuisement de la nation. Les impôts seront peut-être acquittés, parce que l'obéissance qui tient à l'amour du Souverain franchit tous les obstacles; mais avec quelle lenteur le seront-ils dans l'état de pénurie où le peuple se trouve? Que rendront-ils intrinsèquement? Voudrait-on y suppléer par de nouveaux emprunts? Il faut convenir que les temps d'illusion et de prestige sont passés. La malheureuse situation des finances est connue, et le Gouvernement ne peut compter que jusqu'à un certain terme, sur ces ressources extraordinaires.

Si l'accroissement des gros intérêts qu'on donne chaque année aux emprunts a séduit la cupidité des prêteurs, bientôt on ne pourra plus les augmenter, puisque les revenus de l'État ne pourront suffire à les payer. D'ailleurs en continuant le systême vorace des emprunts, ce serait perpétuer les causes funestes de la non-valeur et de la dégradation des propriétés territoriales. Il y a aujourd'hui en France plus de *quatre mille terres seigneuriales* à vendre, qui restent sans acquéreurs et sans moyens de culture, faute de capitaux et de prêteurs à constitution sur les terres. Tous les maux que l'absence des grands propriétaires fait aux provinces, tous les vices qui nuisent au commerce, à l'industrie, à l'agriculture dérivent de la multiplicité de ces emprunts. S'ils continuent, la *loupe* inextirpable de la capitale s'opposera donc toujours à la circulation de ce numéraire, qui est la vie, le sang des États policés.

## *CONCLUSION.*

Enfin, si des hommes intéressés ou des esprits idolâtres des formes anciennes présentent des objections frivoles contre ce changement régénérateur, sous le prétexte spécieux du danger des innovations, on leur répondra qu'établir un ordre où il n'y en a point, c'est créer et non innover. On leur dira que les mœurs d'un peuple n'étant pas toujours les mêmes, l'administration ne peut être immuable qu'autant qu'elle est prise dans des principes qui n'alterent point le sol d'un Royaume, qui ne surchargent point la masse des propriétés, qui ne présentent aucun vice dans la perception des impôts, qui ne laissent aucune incertitude dans les produits de la recette, qui ne se prêtent à aucune inégalité dans l'assiete des contributions, qui, susceptibles de modifications, ne le sont cependant pas d'altération essentielle.

Tels sont les grands principes de ce plan d'administration. Ce travail est le faisceau des idées des hommes les plus instruits sur l'administration des finances de tous les États de l'Europe. C'est le fruit des méditations les plus profondes sur cette partie essentielle et impérative du Gouvernement. Mais jusqu'à présent on a beaucoup écrit sur les finances, on n'a proposé que des questions problématiques sur cet objet, sans donner les moyens de remédier à tant d'abus, de changer de systême et d'établir d'autres principes. Aujourd'hui c'est un grand ensemble, lié à toutes les parties de l'administration, dont on propose l'exécution pour le rétablissement des finances, pour en couvrir le *déficit* sans augmentation d'impôts, sans réduction d'intérêts, sans réformes forcées, sans suppression d'objets qui puissent compromettre la sûreté de l'État et la *munificence du Roi.*

Ce sont des expédiens de salut, dont la chaîne est indivisible, qui doivent être l'époque de la restauration du crédit national. Cet événement sera consacré dans les siecles à venir comme la régénération du

Corps politique. Les étrangers en verront le cours avec l'admiration que mérite la sagesse d'un Gouvernement qui n'employe que la justice et la fidélité pour moyens de se libérer de ses engagemens envers eux, sans perdre de vue l'avantage particulier de ses peuples. Enfin cette révolution dans les finances montrera aux puissances rivales la France se réveillant après un long sommeil, sortant du tourbillon où elle semble ensevelie, redevenue elle-même, et développant des forces et des ressources dignes de sa grandeur et de sa puissance.

Ce plan d'administration est prêt d'être exécuté; toutes les lois qui doivent en consolider les opérations sont rédigées; la gradation des changemens que doit éprouver chaque partie de l'ancienne administration est marquée avec une telle précision, qu'on ne peut rencontrer aucuns obstacles dans l'établissement des nouveaux principes : le bien-être de ce grand événement en appartiendra à la Patrie, quand le Gouvernement en aura bien senti la nécessité, et que l'amour de SA MAJESTÉ pour le bonheur de son peuple en aura décidé l'exécution.

# PREMIERE PARTIE.

# PRECIS

## DES

## PRINCIPES CONSTITUTIFS DE CE PLAN

## D'ADMINISTRATION.

Dans l'état de la question dont il s'agit, il est démontré que le systême actuel de l'administration des finances ne peut plus subsister; que tous les ressorts en sont usés; qu'il faut absolument changer les principes de la perception. Le plan qu'on propose embrasse les deux grands systêmes de *Sully* et de *Colbert*. En effet, on les met en exécution l'un par l'autre, pour rendre à l'agriculture toutes ses facultés, et au commerce la liberté dont il a besoin pour augmenter les richesses territoriales.

Dans ce systême, le royaume n'éprouve aucun changement dans sa constitution. Les provinces d'États restent chargées de la levée de leurs impôts, et des soins de leur administration particuliere; les provinces d'élection et les pays conquis, dirigés par les *assemblées provinciales* de chaque généralité, prennent une forme constante pour établir une régie fidelle dans la perception de leurs impôts.

Dans l'état nouveau des différentes prérogatives et immunités de chaque ordre, le clergé, la noblesse et le tiers-état conservent leurs priviléges et leurs franchises. Les créanciers de l'État acquierent de leur côté une plus grande sûreté pour leurs hypotheques; les financiers y trouvent le remboursement de la plus grande partie de leurs capitaux.

Enfin, dans ce changement d'administration, on concilie tous les intérêts possibles. SA MAJESTÉ y trouve une augmentation de revenus assez considérable pour rétablir le niveau entre la recette et la dépense. Les peuples, en payant moins, sont délivrés des *gabelles*, des *aides*, de l'*impôt* du *tabac*, des *traites foraines* et de tous les *impôts indirects*. L'arbitraire n'a plus lieu dans la perception des vingtiemes et des tailles. La suppression de toutes les douanes et de tous les péages donnera une liberté entiere au commerce intérieur de province à province et de ville à ville. L'agriculture, délivrée de toutes ses entraves, jouira librement de l'accroissement de ses travaux, sans craindre d'être surchargée de nouveaux impôts. Les manufactures, livrées à l'essor de leur propre industrie, n'éprouveront plus aucunes gênes ni contraintes. Tous ces moyens de prospérité publique rétabliront bientôt les forces du crédit public, pour opérer la libération des dettes de l'État, en trente années.

Ce sont-là les grands objets que présentent les opérations du plan proposé, dont on va établir les principes par rapport à l'assiete des nouveaux impôts, à l'égalité de leur répartition, et à la sûreté de leur perception.

# EXPOSÉ

*Des opérations qui tiennent à l'exécution du Plan.*

En changeant la forme de l'administration des finances, on a cru devoir conserver les priviléges et les immunités qui tiennent essentiellement à la constitution des pays d'États, et à la dignité des ordres du clergé et de la noblesse. On a pensé qu'il suffisait de les soumettre aux deux vingtiemes de l'impôt territorial, en leur laissant la liberté d'adopter les nouvelles impositions des provinces d'élection, lorsque l'expérience les aura convaincus du bien qui doit en résulter pour leur propre intérêt.

D'ailleurs l'État a besoin de se conserver le crédit des pays d'États et du clergé pour des secours extraordinaires. Si on changeait la forme de leur constitution, par rapport à leurs impôts et à leurs emprunts, on détruirait leur crédit en se privant d'une ressource essentielle pour consommer, avec le changement de la perception des impôts indirects, la libération des dettes de l'État.

Quant à l'exemption des tailles pour les privilégiés, ils ne peuvent en être dépossédés sans être dédommagés et remboursés de leurs franchises; et l'on ne peut imposer les biens-nobles à la taille, sans attaquer la valeur des capitaux de la propriété de plusieurs provinces.

## DU *clergé.*

Le clergé de France, et le clergé des provinces réputées étrangeres ne formeront plus qu'un seul et même corps.

Il conservera la forme de son administration particuliere et le privilége de son assemblée générale qui aura lieu tous les cinq ans, pour la direction et la manutention de toutes ses affaires générales et particulieres.

Le clergé continuera de payer ses contributions par forme d'un don gratuit annuel, qui sera fixé à l'avenir aux deux vingtiemes du revenu de tous ses biens-fonds et de tous ses immeubles en maisons.

Ces deux vingtiemes remplaceront les décimes qui seront supprimées. Ils seront provisoirement portés à *dix millions* par an, jusqu'à la confection du *cadastre* qui estimera avec justesse le revenu de toutes les propriétés du clergé.

On ne changera rien à l'ordre de la constitution et du remboursement des rentes du clergé, dont il restera particulierement chargé. A cet effet il établira une caisse d'amortissement qui assurera la libération graduelle de toutes ses dettes actuelles, et de ses emprunts à venir, en quatorze années.

## DE *la noblesse et du tiers-état.*

La noblesse et le tiers-état resteront en possession de leurs priviléges, par rapport à leurs prérogatives et à leurs exemptions particulieres.

Les nobles et les privilégiés continueront de jouir des exemptions dont ils sont en possession, par rapport à la taille.

Les biens-nobles, qui sont exempts de la taille, conserveront cette franchise dans toutes les provinces où cette nobilité est établie.

## DES *provinces régies en pays d'États.*

Les provinces régies en pays d'États conserveront la forme de leur administration particuliere, pour le payement de leurs contributions; elles établiront une caisse d'amortissement pour assurer le remboursement de toutes leurs dettes actuelles, et de leurs emprunts à venir, en quatorze années.

Dans ces provinces, les deux vingtiemes y seront à l'avenir perçus sur tous les biens-fonds et les immeubles en maisons, d'après leur estimation et d'après un *cadastre* qui établira par communauté le produit général de leur territoire, en déterminant et fixant le revenu effectif de chaque propriété, sur lequel on levera exactement les deux vingtiemes de *l'impôt territorial,* qui seront fixés par abonnement à *vingt millions* par an.

L'impôt des tailles et toutes les impositions accessoires ou représentatives de la taille, ainsi que la capitation, les impositions militaires et locales, et toutes les taxes qui portent sur l'industrie des villes et des campagnes, continueront d'être levés dans ces provinces sous la forme de leur régie et de leur perception actuelle.

Les octrois des villes, et tous les impôts sur les consommations, établis en Flandre, en Artois, en Bretagne, sous le nom de *devoirs ;* et dans le Languedoc, sous le nom d'*équivalens*, subsisteront aussi dans ces provinces sous la forme de leur régie et de leur perception actuelle.

Les gabelles et les crues sur le sel, établies en Bourgogne, en Provence et en Roussillon, et toutes les traites intérieures perçues aux frontieres des provinces réputées étrangeres, seront supprimées et remplacées par d'autres impositions moins onéreuses à ces provinces, dont les abonnemens seront équivalens au produit de la perception actuelle de ces impôts.

Tous les péages de l'intérieur du royaume, qui pourront être supprimés sans inconvénient, devant être abolis, ils seront liquidés, dans les provinces d'États, d'après l'estimation qui en sera faite par leurs États, en contrats au denier trente, hypothéqués sur ces provinces ; remboursables en trente années.

## DES *provinces d'élection, et des pays conquis.*

LES provinces d'élection et les pays conquis seront régis par leurs assemblées provinciales, dont la constitution sera décidée par une loi irrévocable, pour être à l'avenir chargées de la répartition, de la perception et de la comptabilité de leurs impôts.

Dans

Dans ces provinces, tous les impôts actuels, établis sur le territoire, ainsi que tous les impôts directs et indirects, y seront supprimés au premier janvier 178.....

Les impôts du *territoire*, qui comprennent les vingtiemes et les sous pour £ des vingtiemes actuels, seront remplacés dans ces provinces par *l'impôt territorial.* Il sera établi d'après la répartition d'un *cadastre*, faite sur l'estimation de la valeur effective du produit général de toutes les valeurs renaissantes du territoire. Il sera porté à *soixante et dix millions.*

Les impôts *directs* qui comprennent la taille d'exploitation établie sur tous les biens-fonds, toutes les impositions accessoires de la taille d'exploitation, et toutes les impositions militaires et locales, seront remplacés dans ces provinces par la *taille réelle.* Elle sera naturellement fixée par le *cadastre* au double de l'*impôt territorial*, et portera le produit de cet impôt à *cent quarante millions.*

Les impôts *indirects* qui comprennent la taille personnelle, la capitation des villes, les entrées, les octrois, les aides, le tabac, la plus grande partie des droits de la régie générale, les taxes sur l'industrie des arts et métiers, et tous les droits de traites intérieures seront remplacés dans ces provinces par une *subvention générale.* Cet impôt portera sur les loyers de toutes les maisons des villes et des campagnes, qui ne sont pas utiles au service public, ni à l'exploitation de l'agriculture. Il rapportera *soixante millions.*

Les gabelles seront abolies et remplacées dans ces

provinces par des sous pour £, additionnels à l'*impôt territorial*, à la *taille réelle* et à la *subvention générale*, proportionnellement au prix du sel dans chaque canton ; ce qui remplacera le revenu actuel des grandes et petites gabelles. Il rapportera *soixante millions*.

Les corvées devant être abolies dans toutes ces provinces par la suppression de toutes les impositions accessoires de la taille, la construction des chemins publics s'y fera à l'avenir à prix d'argent, avec des fonds qui seront assignés à cette dépense sur les impôts de chaque généralité.

Tous les péages qui pourront être supprimés sans inconvénient, devant être abolis dans tout le royaume, ils seront liquidés dans les provinces d'élection et les pays conquis, d'après l'estimation qui sera faite de leur valeur, par les *assemblées provinciales* de chaque généralité, en contrats au denier trente, hypothéqués sur les impôts de la province, remboursables en trente années.

### BASES *du cadastre pour établir la perception de l'impôt territorial.*

Ce cadastre sera fait en cinq ans, aux frais des propriétaires-fonciers de chaque communauté; il sera entierement achevé au premier janvier 179... C'est l'époque où l'*impôt territorial* sera effectivement établi sur des bases fixes, et réparti également à *soixante et dix millions* sur le revenu de toutes les propriétés territoriales des pays d'élection et des pays conquis, payable en argent, sur l'estimation du produit général de toutes les valeurs renaissantes du territoire, qui sera divisé, pour cette opération, en trois parties.

La premiere, franche de toutes impositions, sera consacrée aux frais de la reproduction.

La seconde sera la portion du revenu du propriétaire, sur laquelle portera l'impôt territorial.

La troisieme sera la portion du fermier, du métayer ou de l'exploitateur, réservée aux salaires de l'agriculture, sur laquelle portera la taille réelle.

*Nota.* Le revenu général d'une nation doit être considéré sous trois rapports.

1°. Celui de l'estimation du produit général de toutes les valeurs renaissantes des fruits du territoire; soit en grains, prés, vignes et bois.

2°. Celui du revenu particulier de la propriété, qui doit être estimé le tiers du produit général de toutes les valeurs renaissantes des fruits du territoire.

3°. Celui du revenu public, qui est le produit de la levée de tous les impôts.

Mais ce produit ne peut être exactement connu que par un *cadastre* consistant dans l'arpentage et l'estimation de toutes les terres.

Les difficultés qu'on présente sur cette opération ne sont pas fondées: on n'en trouvera aucune quand ce cadastre sera confié à l'économie de l'intérêt particulier de chaque communauté, sous l'inspection des Etats et des assemblées provinciales de chaque généralité. Alors, rien de si aisé que cette opération: elle sera consommée en moins de trois ans, par le propre intérêt de chaque propriétaire à faire estimer la valeur de son bien.

Les frais de ce cadastre, étant à la charge de chaque communauté, seront légers par leur subdivision: ils coûteront au plus cinq à six sous l'arpent, et dix sous avec le plan géométral. Mais si le gouvernement voulait se charger de le faire exécuter à ses dépens, l'opération deviendrait interminable et ruineuse: elle coûterait de si grandes sommes, qu'on serait obligé de l'abandonner, comme c'est arrivé dans l'essai qui en a été fait autrefois dans plusieurs provinces.

Au reste, la possibilité de ce cadastre est assez démontrée par l'exemple de l'Angleterre. Cette nation a fait le sien il y a plus de cent ans, et elle est prête à le renouveler, pour en rectifier les erreurs, au profit de la *taxe des terres*, qui est la représentation de *l'impôt territorial*.

## DE *la répartition provisoire de l'impôt territorial jusqu'à la confection du cadastre.*

EN attendant l'époque de la confection du *cadastre* des terres, qui sera fait par chaque communauté, les provinces d'élection et les pays conquis établiront provisoirement dès le premier ....... 178.. l'assiete des nouveaux impôts, en remplacement de tous les impôts actuels directs et indirects.

En conséquence, la répartition des 70 millions de l'*impôt territorial*, et des 140 millions de la *taille réelle*, sera faite partiellement sur chaque généralité, au marc la £ de leurs impôts actuels.

Mais pour déterminer cette opération avec justesse et précision, les commissaires départis pour SA MAJESTÉ dans chaque province, enverront au ministre des finances, d'ici au premier ....... 178.. l'état général de tous les impôts qui se levent sur les élections de leur généralité, en distinguant ceux qui se perçoivent sur les biens ruraux, d'avec ceux des villes.

D'après cet état, SA MAJESTÉ ordonnera par généralité, la portion des 70 millions de l'*impôt territorial*, et des 140 millions de la *taille réelle* qu'elles devront payer, et qui seront répartis, au marc la £ des vingtiemes actuels et du montant de la taille d'exploitation, sur tous les biens-fonds de chaque élection.

Ensuite les *assemblées provinciales* répartiront sur les communautés de chaque élection, la portion des impôts qui leur seront assignés en payement, comme *impôt territorial* et comme *taille réelle*, au marc la £ de leurs vingtiemes et de leur taille actuelle.

De là, chaque communauté répartira entre ses propriétaires-fonciers et ses taillables, la portion des impôts qui leur seront assignés en payement, comme *impôt territorial* et comme *taille réelle*, au marc la £ de la valeur effective du revenu des biens-fonds de chaque propriété, qui sera faite d'un commun accord par trois experts choisis dans les principaux habitans de la communauté.

Enfin, les propriétaires-fonciers et les taillables de chaque communauté ajouteront au payement de leur *impôt territorial* et de leur *taille réelle* les sous pour £ du *rachat de leurs gabelles*, proportionnellement au prix du sel dans chaque canton.

### ÉPOQUE *de l'établissement des nouveaux impôts sous leurs nouvelles dénominations.*

D'APRÈS cet exposé, on voit qu'en attendant la fin de l'opération du *cadastre* des terres, auquel chaque propriétaire sera intéressé pour la juste répartition de ses impôts, on établira provisoirement, dès le premier ........ 178..., dans toutes les généralités des pays d'élection et des pays conquis, en remplacement de tous leurs impôts actuels directs et indirects,

L'IMPÔT TERRITORIAL,

LA TAILLE RÉELLE,

LA SUBVENTION GÉNÉRALE,

LE RACHAT DES GABELLES en sous pour £, additionnels à ces trois impôts.

# REPARTITION

## ET

# PRODUIT DES NOUVEAUX IMPOTS

## PAR L'EFFET DU CADASTRE.

---

### IMPOT *territorial.*

L'IMPÔT territorial portera sur tous les biens-fonds du territoire, et sur tous les immeubles en maisons.

Cet impôt sera payé par tous les propriétaires-fonciers, et il sera fixé, par le *cadastre* des terres, aux deux vingtiemes du tiers de l'estimation du produit général de toutes les valeurs renaissantes du territoire de chaque propriété.

C'est-à-dire que le produit général de tous les fruits d'une propriété estimée 3000# payera les deux vingtiemes de 1000#, faisant 100# d'*impôt territorial.*

Les immeubles en maisons payeront les deux vingtiemes de leur revenu, qui sera fixé par estimation ou par les baux.

Les rentes perpétuelles et viageres qui ne sont pas exemptes d'impositions, payeront aussi les deux vingtiemes, ainsi que toutes les pensions au-dessus de 1000#.

Le premier vingtieme continuera d'être établi et payé en argent, par forme de subvention extraordinaire, pour subvenir à la dépense nécessaire de l'État.

Le second vingtieme sera établi pendant trente ans, pour subvenir à la libération des dettes de l'État, en trente années.

Cet impôt remplacera les vingtiemes et les sous pour £ des deux vingtiemes actuels. Il rapportera . . . . . . . . . . . . . . . . . 108 millions.

| | | |
|---|---|---|
| Savoir: | Pour les vingtiemes du territoire | 70 |
| | Pour les vingtiemes des immeubles en maisons . . . . | 24 |
| | Pour les vingtiemes des rentes constituées et des pensions | 14 |

Total des vingtiemes de l'*impôt territorial* . . . . . . . . . . . . . . . . 108 millions.

*Nota.* On observera que les vingtiemes des pays d'États et du clergé ne sont pas compris dans ce calcul. Ainsi, en les ajoutant pour 30 millions aux 70 millions des vingtiemes des pays d'élection et des pays conquis, on voit que les vingtiemes de l'impôt territorial donneront 100 millions.

## TAILLE *réelle.*

LA taille réelle portera sur tous les produits de l'exploitation des terres et des biens-fonds du territoire, qui ne sont pas exempts de la taille.

Cet impôt sera payé par tous les exploitateurs, fermiers ou métayers ; et il sera fixé, par le *cadastre*, aux deux dixiemes du tiers du produit général de toutes les valeurs renaissantes du territoire de chaque fermage et métairie en exploitation.

C'est-à-dire que le produit général de la propriété d'un fermage ou d'une métairie cadastrée à 3000# payera les deux dixiemes de 1000#, faisant 200# de *taille réelle.*

Le premier dixieme sera établi pour former à l'avenir la partie principale des revenus de la Couronne.

Le second dixieme sera établi pendant trente ans, pour subvenir à la libération des dettes de l'État, en trente années.

Cet impôt remplacera la taille d'exploitation et toutes les impositions accessoires de la taille actuelle. Il rapportera le *double* de l'impôt territorial, vu que les tailles des biens du *clergé* font une compensation à peu-près égale à l'exemption des franchises des nobles et des biens-nobles : ce qui portera les deux dixiemes de la *taille réelle* des pays d'élection et des pays conquis à . . . . . . . . . . . . 140 millions.

## SUBVENTION *générale.*

La subvention générale portera sur toutes les maisons des villes et des campagnes, dont les bâtimens utiles à l'agriculture, les édifices publics, les maisons royales, les palais des princes du sang, les monasteres et les maisons curiales et seigneuriales seront exempts.

Cette *subvention* sera fixée, par estimation ou par les baux, au quart du loyer de chaque maison.

C'est-à-dire que la *subvention* d'une maison louée ou estimée 1200#, sera de 300#, qui sera payée par les *locataires.*

Les propriétaires qui habiteront leur maison entiere payeront la *subvention* sur l'estimation de sa valeur, au denier quarante.

C'est-à-dire qu'une maison estimée 40,000# de capital, ne sera portée qu'à 1000# de revenu, dont la *subvention* sera de 250# pour le *propriétaire-locataire*, en compensation des dépenses de ses décorations locatives.

La *subvention* des maisons louées à mois et à jours, sans baux, sera payée par les *propriétaires*, d'après l'estimation desdites maisons, au denier quarante, comme pour les maisons habitées par les propriétaires.

Cet impôt remplacera la capitation des villes, la taille personnelle, tous les droits d'aides, les entrées, les octrois, le tabac, les droits de traites intérieures, toutes les taxes levées sur l'industrie des arts et métiers, dans les villes et dans les campagnes; et d'après le calcul reconnu du revenu des neuf cents trente villes des provinces d'élection et des pays conquis qui seront chargés de cet impôt, il rapportera . . . . . . . . . . . . . . 60 millions.

### RACHAT *des gabelles.*

Le rachat des gabelles en sous pour £ de l'*impôt territorial*, de la *taille réelle* et de la *subvention générale*, remplacera les gabelles, pour rendre le sel libre et marchand dans toutes les provinces du royaume.

Ce rachat sera de 4<sup>s</sup> pour £ de ces trois impôts dans les pays de grandes gabelles; de 3<sup>s</sup> pour £ dans les pays de petites gabelles et de gabelles de salines; et de 2<sup>s</sup> pour £ dans les pays rédimés, de quart-bouillon et du Réthelois, proportionnellement au prix du sel dans chaque province.

| | |
|---|---|
| Cet impôt rapportera dans les provinces d'élection et les pays conquis, où les grandes gabelles ont le plus d'extention en sous pour £ sur les 308 millions du produit des susdits impôts . . . . . | 46 millions. |
| L'abonnement des provinces régies en pays d'États, sujettes à la gabelle, comme le Languedoc, la Bourgogne, la Provence et le Roussillon, sera de . . . . . . | 14 millions. |
| Total des sous pour £ en remplacement du produit actuel des gabelles . . | 60 millions. |

# RESUMÉ

## *DU PRODUIT DES NOUVEAUX IMPOTS.*

Tous ces nouveaux impôts, le rachat des *gabelles* compris, rapporteront dans les pays d'élection et les pays conquis. . 354 millions.

Les contributions du clergé et des pays d'États, en vingtieme avec leurs abonnemens particuliers pour le rachat des gabelles, des traites et autres impôts supprimés à leur profit, avec les traités des fermes, des régies, des postes, et le produit des domaines, des parties casuelles, de la loterie royale, et des autres affaires particulieres qui subsisteront au profit de SA MAJESTÉ, rapporteront. . . . 296 millions.

Total du produit général de la nouvelle recette . . . . . . . . . . . 650 millions,

qui rempliront toutes les charges de la nouvelle dépense, pour payer les fonds des différens départemens, tous les intérêts des rentes perpétuelles et viageres, et tous les intérêts et les remboursemens des emprunts faits et à faire pour la liquidation d'une partie des charges de finance, et pour la libération entiere de tous les effets de la dette publique et des dettes arriérées et en litige.

*Nota. Le revenu* de la ferme générale et des régies qui subsisteront sera encore de 100 millions. Tous les fermiers généraux et les administrateurs des domaines seront conservés. La réforme n'aura lieu que sur trente mille employés des fermes, sur lesquels portent principalement les frais de la perception de tous les impôts indirects.

# SECONDE PARTIE.

# DISCUSSION

## DES PRINCIPES

## DE CE PLAN D'ADMINISTRATION.

IL faut actuellement démontrer trois objets importans :

1°. La réalité du produit des nouveaux impôts.

2°. La justice des moyens proposés pour la libération des dettes de l'État.

3°. La nécessité et les avantages de l'établissement des assemblées provinciales, pour assurer la perception des nouveaux impôts dans les provinces d'élection et les pays conquis.

Ces objets sont d'autant plus essentiels à discuter, qu'ils tendent à démontrer la sûreté des bases qui constituent ce changement d'administration, et combien cette opération est simple et facile dans son exécution.

## DE LA RÉALITÉ DU PRODUIT DES NOUVEAUX IMPOTS.

### *IMPOT territorial.*

CET impôt doit être considéré comme le remplacement des vingtiemes actuels qui, ayant été établis, supprimés et imposés depuis 1710, sans loi fixe, ont toujours été regardés par les cours souveraines comme un impôt extraordinaire qui doit être aboli, tant que l'impôt indirect des consommations portera sur les terres. Mais comme la dépense de l'État ne peut être acquittée que par l'imposition, la propriété doit en supporter la plus grande partie : aussi l'*impôt territorial* est-il de droit naturel, et le seul juste, quand il sera dégagé des métamorphoses de la fiscalité des impôts sur les consommations, et de l'arbitraire et de la cherté de leur perception.

En Angleterre toutes les taxes sont réelles ; il n'y en a point de personnelles. Elles portent principalement sur les biens-fonds et sur la consommation des choses de luxe, qui appartient aux gens riches. Les denrées nécessaires à la vie du peuple y sont à bon marché. C'est la propriété seule qui paye la *taxe des terres* au sou la £ d'un ancien *cadastre* fait sous le roi *Guillaume*. Cette imposition, qui rapporte trois millions sterlings, fait encore la base du crédit public de cette nation, pour payer les intérêts de sa dette fondée : aussi le parlement est-il au moment de renouveler et de rectifier le *cadastre* de son territoire, pour établir une base plus juste, et augmenter cette taxe au profit des revenus publics.

En France cet impôt présente de bien plus grandes ressources qu'en Angleterre, par l'étendue et la fertilité du sol, par la variété et l'espece des productions, et par sa grande population. Mais l'établissement de cet impôt dépend de la justesse de sa répartition, qui doit être égale et sans arbitraire; ce qui ne peut avoir lieu que par la surveillance et par l'intérêt commun des contribuables

contribuables à répartir justement l'imposition entre eux.

Ainsi, lorsque l'*impôt territorial* sera confié à l'intérêt des communautés, personne ne pourra en éluder le payement. Sa répartition sera facile, quand le *cadastre* des terres aura fixé la valeur en argent du produit général de tous les biens-fonds du royaume ; son produit ne peut être incertain, puisqu'il sera fixé et réparti à 100 *millions*, sur le tiers du revenu général de toutes les valeurs renaissantes du territoire, qui doit être la portion du revenu de la propriété.

Mais si l'on objectait que cet impôt, porté à 100 *millions*, est trop fort en comparaison des deux vingtiemes actuels, qui ne rapportent que 50 *millions*, on répondrait que l'*impôt territorial*, devenant *impôt principal*, est destiné à remplacer non-seulement tous les vingtiemes actuels, mais même à remplacer, dans sa proportion avec la *taille réelle* et la *subvention générale*, une partie du fardeau énorme de tous les impôts existans, *directs* et *indirects*. Il sera établi, réparti et perçu, sur une regle invariable qui sera le *cadastre*, par l'effet duquel on obtiendra, sans contestation, la connaissance exacte de la consistance du territoire du royaume, la juste estimation des terres, l'égalité de la répartition, et par conséquent la certitude de la perception, puisqu'il ne peut y avoir de non-valeur là où l'impôt est proportionné et bien réparti.

Si d'après ce raisonnement on pouvait encore douter du produit de l'*impôt territorial*, il est un moyen bien sûr de prouver que les deux vingtiemes de cet impôt rendront aisément 100 *millions* par l'effet du *cadastre.* En effet, le produit général d'une nation qui se nourrit de son propre sol, est toujours calculé d'après sa population et la nécessité de sa consommation. Il en résulte que si la France contient 24 *millions d'habitans* qui soient obligés de dépenser, l'un dans l'autre, 6 *à* 7 *sous* par jour, pour les premiers besoins de leur subsistance physique, le revenu territorial de ce royaume doit être au moins de 3 *milliars*, dont, retranchant 900 *millions* pour la partie des revenus qui appartiennent aux pays d'États et au clergé, il reste encore 2 *milliars* 100 *millions*, pour les revenus du territoire des pays d'élection ; et sur le tiers de ce produit, qui est de 700 *millions*, on percevra les 70 *millions* des deux vingtiemes de l'*impôt territorial.* Cette base est certaine et adoptée de toutes les nations, pour calculer le revenu effectif et réel d'un état agricole. (*a*)

Enfin, si on pouvait encore nier cette vérité, on ne pourra avoir aucun doute sur le produit de cet impôt, puisqu'il sera réparti par le *cadastre*, à raison des deux vingtiemes de l'estimation réelle du tiers du revenu général de toutes les valeurs renaissantes du territoire, qui sera la portion du revenu de la propriété ; et si d'après l'estimation des terres par le *cadastre*, ces deux vingtiemes ne suffisaient pas, on complettera au marc la £ de leur assiete, sur chaque propriété, le *déficit* des 100 *millions* de l'impôt territorial. Le revenu

(*a*) Voyez, dans les *Développemens*, le *Tableau territorial* de tous les revenus *de la France.*

de cet impôt est donc assuré; il ne peut souffrir aucune objection quelconque contre la réalité de son produit, dont on retirera bien plus de 100 *millions*, lorsqu'on s'en rapportera à l'effet du *cadastre*, qui est le seul moyen d'estimer avec justesse le produit territorial du royaume.

Quant aux vingtiemes des immeubles en maisons, portés à 24 *millions*, pour les pays d'élection et les pays conquis, s'ils rapportent aujourd'hui 12 *millions* sur la valeur apparente des maisons, et sur la simple déclaration de la plupart des propriétaires, on doit bien croire qu'ils rapporteront moitié de plus, lorsqu'ils seront établis sur l'estimation réelle de ces immeubles, et sur la présentation effective des baux. De plus, ces vingtiemes porteront sur toutes les maisons des villes et des campagnes, dont celles-ci sont aujourd'hui exemptées, à cause de la surcharge de la taille personnelle, et de tous les impôts indirects.

D'ailleurs la *subvention* portée à 60 *millions*, par le dénombrement et l'estimation du revenu général des 930 *villes* des provinces d'élection et des pays conquis, fixe indubitablement ce revenu à 240 *millions*, et parconséquent les vingtiemes de ces immeubles à 24 *millions;* ce qui est démontré ci-après dans la discussion des produits de l'impôt de *subvention générale* qui doit être établi en remplacement de tous les *impôts indirects*, portant sur l'industrie et sur la consommation des villes et des campagnes.

Ainsi, les bases de l'*impôt territorial* et de la *subvention* étant prouvées, les produits ne peuvent en être incertains ; et l'on retirera des deux vingtiemes des pays d'élection et pays conquis . . . 108 millions.

| Savoir: | | |
|---|---|---|
| | Sur les biens-fonds . . . . | 70 |
| | Sur les immeubles en maisons | 24 |
| | Sur les rentes constituées et sur les pensions . . . . | 14 |

Total des vingtiemes de l'*impôt territorial* 108 millions.

### *TAILLE réelle.*

CET impôt doit être perçu, d'après les bases de l'*impôt territorial*, en deux dixiemes sur le tiers du produit général du territoire. Cette *taille réelle* est donc une suite naturelle du produit de l'*impôt territorial.* Conséquemment elle doit rapporter le double de cet impôt qui, étant réparti à 70 *millions* sur le revenu de toutes les propriétés des provinces d'élection et des pays conquis, fixera, sans aucun arbitraire, le revenu de la *taille réelle.*

Les exemptions de cet impôt ne peuvent faire une diminution dans la réalité de son produit. Elles sont compensées par les tailles des biens du *clergé*, que l'exemption des vingtiemes n'a jamais dispensé de la taille dans la personne de ses fermiers. Ainsi la perception de la taille du clergé présente, dans les provinces d'élection et les pays conquis, une somme à peu-près égale à l'exemption de la taille des franchises des nobles et des biens-nobles; ce qui portera évidemment les revenus de la *taille réelle* à . . 140 millions.

## SUBVENTION *générale*.

Cet impôt sera établi, en remplacement d'une partie des *impôts indirects*, sur les consommations qui sont à charge aux villes et au commerce. Il consiste dans la levée du quart des loyers des villes; et il pourrait être susceptible de contradiction par la nouveauté de son établissement, si cette levée n'existait en Angleterre sur les fenêtres, où elle produit *un million sterling*. Elle a été aussi indiquée autrefois en France; mais on ne l'avait jamais considérée que comme un faible moyen de ressource, parce que dans ces temps-là on était moins empressé d'habiter les villes, dont le nombre s'est accru considérablement par le luxe de la bâtisse qui a gagné toutes les provinces.

Son produit, porté par des calculs certains à 60 *millions*, mérite une discussion particuliere, puisqu'il établit en même-temps le revenu des deux vingtiemes de ces immeubles à 24 *millions*, par l'estimation de leur revenu général, sur le pied de 240 *millions*. Mais les doutes sur ce produit se dissiperont bientôt, quand on verra qu'il y a 930 *villes*, dans les provinces d'élection et les pays conquis, qui seront sujettes à cette imposition; que la *subvention* de la ville de Paris n'est évaluée qu'à 18 *millions*; que les maisons de 600 *villes* ne sont portées qu'à 110# et 48# de loyer chacune, et qu'il sera facile d'assurer cette *subvention* par un abonnement particulier avec chaque ville, qui sera fait au prorata de leurs contributions actuelles, et réparti au marc la £ de leurs loyers. (*b*)

Cet impôt sera beaucoup plus léger que les *droits indirects* qui portent sur les consommations des villes. Il aura une base fixe et connue dans sa perception; ses produits couleront directement et à peu de frais dans le trésor public. De plus, il aura l'avantage de s'étendre sur toutes les classes des rentiers, des gens à porte-feuilles et des négocians; sur tous les commerçans et les marchands en gros et en détail, et sur tous les arts libéraux et serviles. Il fera disparaître l'arbitraire de la capitation et de la taille personnelle qui accable les campagnes, et qui est une des principales causes de la mendicité.

Enfin, cette *subvention* établira une balance juste entre les impôts des villes et ceux des campagnes. Si elle dépeuple les villes qui contiennent aujourd'hui plus de la moitié de la population du royaume, elle peuplera les campagnes; si elle ne peuple pas les campagnes, elle empêchera au moins l'agrandissement des villes: elle portera directement sur les richesses, sans fouler l'industrie ni le commerce.

Qu'on pese donc l'avantage de cette nouvelle imposition! qu'on examine la simplicité et l'économie de sa perception! qu'on la compare aux frais immenses de la capitation et des impôts sur les consommations qui coûtent au commerce et aux villes plus de 90 *millions*! alors on se rendra à l'évidence du bien être de la *subvention* proposée sur le pied de . . 60 *millions*.

(*b*) Voyez, dans les *Développemens*, le *Calcul de la subvention des villes des pays d'élection et des pays conquis.*

## RACHAT *des gabelles.*

Le produit de l'*impôt territorial*, de la *taille réelle* et de la *subvention générale*, étant fixé à 308 *millions*, il s'ensuit que la répartition moyenne des sous pour £ du montant de ces trois impôts, rapportera, dans les provinces d'élection et les pays conquis, les 46 *millions* du *rachat des gabelles;* puisque c'est principalement dans ces provinces que porte l'impôt des grandes gabelles dont le rachat, sur le pied de 4$^s$ pour £, doit tourner au plus grand profit de cette nouvelle contribution.

Quant au *rachat des gabelles* par les provinces d'États, sur le pied d'un abonnement de 14 *millions*, cette contribution leur sera bien moins onéreuse que ce qu'elles payent aujourd'hui à la ferme des gabelles.

Car si ces provinces ne contribuent que pour 12 *millions* dans le prix du bail actuel de la ferme générale, pour le compte du Roi, il n'en est pas moins vrai que l'achat *de leur sel* aux fermiers généraux leur coûte plus de 16 *millions.*

Ainsi, quoique le Roi ne reçoive effectivement de ces provinces que 12 *millions* pour cet objet, il est cependant certain qu'elles payent aux fermiers généraux les 4 *millions* de surplus, pour leurs bénéfices et les frais de perception de cet impôt.

Le même calcul doit être fait par rapport aux 46 *millions* des pays d'élection et des pays conquis. Ainsi on ne peut pas douter que *les gabelles* étant supprimées, les provinces de Bourgogne, du Languedoc, de

Provence et du Roussillon, sujettes à cet impôt, ne consentent avec transport à se racheter des 16 *millions* qu'elles payent aujourd'hui en gabelles, par un abonnement moyen de 14 *millions*, qui remplacera à SA MAJESTÉ les revenus directs de cet impôt.

C'est d'autant plus certain que ces provinces gagneront encore, dans cet abonnement, 2 *millions* en frais de perception et bénéfices des fermiers, sans compter les frais de saisies et les confiscations qui montent à plus de 2 *millions*.

Mais le grand bien que le royaume y trouvera, c'est la *liberté* du commerce d'une denrée aussi utile que le blé et l'eau, pour la subsistance des hommes, pour la conservation des bestiaux, et pour l'engrais des terres.

Les avantages de la suppression de cet impôt sont donc *inappréciables :* c'est un bienfait mémorable qui doit à jamais faire bénir le regne du Roi. Cet évenement marquera d'autant plus dans les *fastes* de la nation, qu'il délivrera les peuples de l'oppression et des vexations d'un *monopole* qui porte jusque sur la liberté de leur personne et de leurs jouissances.

TROISIÈME

# TROISIEME PARTIE.

# DE LA LIBERATION

## DES

## DETTES DE L'ETAT.

Nous voici arrivés à une opération qui est le résultat précieux de celles que nous venons d'analyser, parce qu'elle trouve l'abondance de ses moyens dans le changement de l'imposition et de la perception des impôts. Elle présente, dans un avenir prochain, les ressources d'un crédit public qui ne peut naître que d'une libération générale des dettes de l'État.

Cette opération embrasse le remboursement de la plus grande partie des charges, et du cautionnement de la finance; le remboursement des rescriptions déléguées par anticipations sur les recettes générales, et le remboursement des effets de la dette publique, en actions et billets de l'ancienne compagnie des Indes, en dettes arriérées des rentes et des différens départemens, et en autres dettes exigibles ou en litige.

Les moyens de cette libération se trouveront naturellement dans la confiance qu'inspirera l'opération par sa publicité, d'après l'enregistrement des édits. C'est dans cette publicité que chacun, calculant son intérêt, verra la bonne foi des principes qui font la base de la nouvelle administration des finances. C'est d'après cet esprit que chacun sentira la nécessité des emprunts qu'on ouvrira pour le remboursement des charges et des effets de la dette publique.

C'est dans cette confiance publique que le gouvernement trouvera le crédit de 310 millions d'argent comptant pour ces différentes liquidations ; savoir : 100 millions en viager sur les nouveaux impôts de la ville et de la généralité de Paris ; 150 millions par une création d'annuités sur les revenus libres du rachat des gabelles des provinces d'États ; et 60 millions d'un emprunt qui sera fait par le clergé en rentes perpétuelles : *en tout*, 310 millions.

Enfin, c'est dans la combinaison juste, et dans la puissance des moyens de l'administration nouvelle, que le Roi trouvera la sûreté d'une création de 120 millions, en contrats au denier trente, hypothéqués sur les provinces, pour la liquidation des péages ; et celle de 300 millions en promesses de remboursement, comme effets au porteur, remboursables en trente années, pour fonder les bases d'un crédit public qui doit multiplier les signes numéraires, empêcher la thésaurisation, et accoutumer la nation à un genre de richesses artificielles, qui fait la prospérité de l'Angleterre et de toutes les nations commerçantes.

# ETAT

*DES contrats et des effets au porteur, qui produiront 730 millions, pour opérer la libération de la dette publique, en trente années.*

| | | |
|---|---|---|
| 150 *Millions* en cent cinquante mille annuités de 1000# chaque, à créer partiellement sur les provinces de Languedoc, de Bourgogne et de Provence. Elles porteront cinq pour cent d'intérêts sans retenue. Elles seront remboursables en dix années, et payables au porteur, avec un million de lots qui écherront chaque année au cinquieme desdites annuités qui sortiront en remboursement . . . | 150 millions. | EN ARGENT. 310 millions. |
| 9 *Millions* de rentes viageres qui seront créées à neuf et dix pour cent sur une et deux têtes, sans retenue d'impositions, sur les impôts de la ville et de la généralité de Paris . . . . . . . . . . | 100 millions. | |
| 3 *Millions* de rentes perpétuelles à créer sur le clergé, en constitution au denier vingt, au capital de 60 millions, remboursables en quatorze années . . | 60 millions. | |
| Total . . . . . . . . . . . . . | 310 millions. | |

*De l'autre part* . . . . . . 310 millions.

EN CONTRATS *et effets au porteur*, 420 millions.

4 *Millions* de rentes perpétuelles à créer au denier trente, au capital de 120 millions, sur les impôts des provinces où il y aura des péages à rembourser, payables tous les six mois par les trésoriers généraux de chaque généralité, remboursables en trente années . . . 120 millions.

300 *Millions* en trois cents mille promesses de remboursement de 1000# chaque, à créer par assignation sur les produits des fermes générales, payables au porteur, portant quatre pour cent d'intérêts sans retenue, avec 1,500,000# en trois mille lots qui écherront chaque année à trois mille de ces promesses, et dont les fonds seront de 19 millions par an, pour être entièrement remboursées en trente années . . . . . 300 millions.

Total du produit des fonds affectés à la libération des dettes de l'État, par la voie des emprunts proposés, tant en argent qu'en contrats et effets au porteur . . . . . . . . . . . . . . 730 millions.

## MODELE DES ANNUITÉS.

ANNUITÉS des États de Languedoc, de Bourgogne et de Provence. Année 178....

*ANNUITÉ.* Somme, 1000#. N°. 1er.

*Bon au porteur pour la somme de mille livres, portant cinq pour cent d'intérêts, remboursables en dix années, avec un million de lots de faveur, pour un cinquieme des annuités qui sortiront chaque année, en remboursement, suivant la forme et teneur des lettres patentes, portant création desdites annuités, constituées par les États de Languedoc, de Bourgogne et de Provence; suivant leur délibération générale du . . . . . . . . . . . . . . . . . . . de la présente année.*

*Fait à* . . . . . *le* . . . . . . . 178 . . .

## MODELE des promesses de remboursement.

LIBÉRATION des dettes de l'État.

Somme, 1000#. *Promesse de remboursement.* N°. 166.

*Bon au porteur pour la somme de mille livres, remboursables à l'époque d'une des trente années déterminées pour la libération des dettes de l'État, dont les intérêts seront annuellement payés sur le pied de quatre pour cent, sans retenue, conformément aux enregistremens qui en seront faits au dos de la présente promesse, laquelle participera en outre aux chances des trois mille lots qui seront distribués chaque année, par la voie du sort, auxdites promesses de remboursement, suivant ce qui est ordonné par les lettres patentes du mois d . . . . . de la présente année.*

*Fait à Paris, ce* . . . . . . . . . . 178 . . .

Pour numéro, *Cent soixante-six.*

# PROCÉDES

## DE *cette libération.*

DANS cette libération il faut distinguer les dettes actives et passives, et ne pas confondre la dette fonciere avec les effets de la dette publique.

La dette fonciere comprend toutes les rentes viageres et perpétuelles, constituées par le Roi, par le clergé, par les pays d'États, par les villes et par les hôpitaux.

La dette publique comprend trois objets.

1°. Les capitaux des emprunts qui portent intérêts avec des remboursemens assignés.

2°. Les capitaux des charges et des cautionnemens qui portent intérêts sans remboursement.

3°. Les dettes exigibles, arriérées et en litige, qui ne portent ni intérêts ni remboursement.

Par cette division, on apperçoit l'origine des différens engagemens que l'État a contractés, par des emprunts continuels, sans prévoir les inconvéniens d'un systême aussi ruineux.

Aussi la mesure est-elle comble, et la position des affaires demande-t-elle un changement dans les principes de l'administration, pour rétablir l'ordre et l'économie dans toutes les parties, et pour assurer le sort des créanciers de l'État, par les moyens d'une libération suivie qui rétablisse la confiance et le crédit public.

C'est ce qu'on trouve évidemment dans l'opération proposée.

proposée. Elle rétablit le niveau entre la recette et la dépense, dont le *déficit*, quel qu'il soit, est très-considérable, et ne fera qu'augmenter chaque année, si on continue toujours d'emprunter pour faire face à la dépense. Cette situation est d'autant plus critique que l'état actuel des finances présente une dette énorme dont les intérêts absorbent la moitié des revenus de l'État, et dont les capitaux surpassent une année et demie du revenu général de toutes les propriétés foncieres du royaume.

*APERÇU de la situation actuelle des finances.*

| | Fixation des intérêts. | Estimation des capitaux. | |
|---|---|---|---|
| Rentes viageres qui se payent à l'hôtel-de-ville, évaluées . . . . . . . . . . . . | 98,000,000# | 1,106,000,000# | |
| Rentes perpétuelles depuis un, deux et demi, quatre et cinq pour cent, qui se payent à l'hôtel-de-ville, évaluées . . 29,556,000# ; Rentes perpétuelles et intérêts qui se payent à la caisse des arrérages, réunie au trésor royal, évalués . . . . . . . . . . . 28,844,000# | 58,400,000 | 1,490,000,000 | DETTE constituée. |
| Rentes perpétuelles constituées par les pays d'États, par les villes et par les hôpitaux, évaluées . . . . . . . . . . . . . . . | 9,000,000 | 160,000,000 | |
| Rentes et intérêts constitués par le clergé, à quatre et cinq pour cent, évalués . . . . | 7,000,000 | 134,000,000 | |
| Rentes et intérêts constitués par les pays d'États, pour le compte du Roi, évalués . . | 5,600,000 | 110,000,000 | |
| Total des intérêts et des capitaux de la dette fonciere, par évaluation . . . . . . | 178,000,000# | 3,000,000,000# | |

| | | Fixation des intérêts. | Estimation des capitaux. |
|---|---|---|---|
| DETTE publique. | Intérêts et capitaux des fonds et effets de la dette publique . . . . . . . . . . . | 82,000,000# | 1,600,000,000# |
| | Remboursemens qui ont été assignés en 1786 pour l'amortissement de la dette publique . . . . . 50 millions . . . . . . . . | pour mémoire. | |
| | Intérêts et capitaux des anticipations en rescriptions, billets des fermes, et billets du trésor royal, en cours sur la place, estimés . | 10,000,000 | 200,000,000 |
| | Total des intérêts et des capitaux de la dette publique, par évaluation. . . . . . . . . | 92,000,000# | 1,800,000,000# |

## RÉSUMÉ.

| | Fixation des intérêts. | Estimation des capitaux. |
|---|---|---|
| Intérêts et capitaux de la dette constituée . | 178,000,000# | 3,000,000,000# |
| Intérêts et capitaux de la dette publique. . | 92,000,000 | 1,800,000,000 |
| Total des intérêts des capitaux qui constituent la dette nationale, par évaluation. . . | 270,000,000# | 4,800,000,000# |

*Nota.* Dans cet aperçu, on n'a point compris le dernier emprunt de 420 millions, pour les années 1788, 1789, 1790 et 1791.

# LIQUIDATION DE LA DETTE FONCIERE.

## RENTES *viageres.*

Les rentes viageres qui se payent à l'hôtel-de-ville, seront réconstituées et hypothéquées sur les nouveaux impôts de la ville et de la généralité de Paris, où elles continueront d'être payées par les payeurs des rentes qui resteront en charge.

## RENTES *perpétuelles.*

Les rentes perpétuelles qui sont constituées par le clergé, par les pays d'États, par les villes et par les hôpitaux, conserveront l'ordre de leurs hypotheques sur ces différens corps, qui leur assigneront des fonds d'amortissement, pour qu'elles soient éteintes et remboursées en quatorze années.

Les rentes perpétuelles qui se payent à l'hôtel-de-ville et à la caisse des arrérages, seront réconstituées et réparties sur les différentes provinces d'élection et des pays conquis, au marc la £ de leurs impôts actuels, pour être payées dans chaque province, de six mois en six mois, par le trésorier général de chaque généralité, où il sera projetté une caisse d'amortissement, pour rembourser chaque année un cinquantieme de toutes les rentes au denier vingt.

Si dans cette libération on ne doit rembourser que les rentes perpétuelles au denier vingt, c'est qu'il serait trop désavantageux pour l'État de rembourser les rentes à un denier plus considérable. Mais on pourra laisser la liberté à chaque propriétaire des rentes, au denier vingt-cinq, au denier cinquante et même au denier cent, de les faire constituer au denier vingt, sur le pied actuel de leurs intérêts, en renonçant au principal de leurs capitaux; ce qui serait à désirer, pour mettre toutes les rentes perpétuelles au cours de l'intérêt au denier vingt.

Au reste, dans un grand État comme la France, il paraît nécessaire qu'il y ait toujours 40 *à* 50 *millions* de rentes constituées en perpétuel, pour faciliter le placement des capitaux énormes qui y sont en circulation.

## LIQUIDATION DE LA DETTE PUBLIQUE.

### CAPITAUX *des emprunts portant intérêts, avec des remboursemens annuels.*

Tous les capitaux des emprunts, qui portent intérêts avec des remboursemens annuels, n'éprouveront aucun changement dans l'ordre de leur liquidation, et seront payés sur les parties qui sont assignées à leur remboursement.

### CAPITAUX *des charges et du cautionnement de la finance, qui seront supprimés.*

Tous les capitaux des charges de la finance, et tous les fonds du cautionnement des fermiers, des régisseurs et des employés des fermes et des régies, qui seront supprimés, seront remboursés en argent comptant.

CAPITAUX *des anticipations en cours sur la place.*

TOUTES les rescriptions déléguées par anticipations sur les recettes générales, et tous les billets des trésoriers et des gardes du trésor royal, en cours sur la place, seront remboursés en argent comptant.

CAPITAUX *des charges de la finance, qui seront conservées.*

TOUS les capitaux des charges de la finance, qui seront conservées, seront fixés à 500 mille livres, portant intérêts à cinq pour cent; et le surplus de la finance desdites charges sera remboursé aux titulaires en promesses de remboursement, portant quatre pour cent d'intérêts, remboursables en trente années.

CAPITAUX *du cautionnement de la finance, qui sera conservée.*

LES fonds du cautionnement des administrateurs des postes et des domaines, et ceux des fermiers généraux seront tous fixés à 500 mille livres, pour diminuer la masse de ces cautionnemens, dont les intérêts surchargent l'État. Quant au surplus, il sera remboursé en promesses de remboursement, portant quatre pour cent d'intérêts, remboursables en trente années.

Cette forme de liquidation envers les fermiers généraux et les administrateurs des postes et des domaines, paraît d'autant plus juste qu'ils conserveront leurs places, et qu'il est démontré que dans la situation actuelle des finances, le Gouvernement est à jamais hors d'état de les rembourser en argent, si l'avenir ne les menace pas d'une réduction forcée dans les fonds de leur cautionnement.

Au reste, si quelqu'un des fermiers généraux n'était pas content de cette liquidation, par rapport à ses créanciers, l'administration lui trouverait bientôt un capitaliste prêt à le rembourser en argent comptant. Mais il en est peu qui soient dans le cas de devoir en entier leurs fonds de cautionnement; la plupart ayant pu s'acquitter envers leurs créanciers sur les intérêts considérables de leurs places, et sur les bénéfices du partage de chaque bail, dont celui de 1780 a été de 30 *millions* entre les soixante fermiers généraux qui subsistaient alors.

### DES *actions et billets d'emprunts de l'ancienne compagnie des Indes.*

LES actions et billets d'emprunts de l'ancienne compagnie des Indes, qui montent à 80 millions, portant cinq pour cent d'intérêts, avec retenue d'impositions, seront remboursés en promesses de remboursement portant quatre pour cent d'intérêts, remboursables en trente années.

Quel est le porteur de ces actions qui ne se trouvera pas heureux de son nouveau sort, puisqu'à présent il n'y a que 500 mille livres d'affectées par an au remboursement de ces actions, qui ne doivent être éteintes que dans 160 *ans?* Il est donc évident que cette liquidation, en trente années, ne peut qu'accréditer ces effets, et satisfaire les propriétaires de ces actions.

### DES *contrats à quatre pour cent de la compagnie des Indes.*

LES contrats à quatre pour cent de la compagnie des Indes, et autres au même denier, seront réconstitués en contrats au denier vingt-cinq, sur les impôts des provinces, sans retenue d'impositions, ou constitués nouvellement au denier vingt, sur le pied de leur intérêt à quatre pour cent, à l'option des propriétaires desdits contrats. Ainsi ils acquerront une nouvelle solidité, puisqu'ils auront une hypotheque qu'ils n'ont pas aujourd'hui sur les impôts des provinces, avec l'expectative d'un remboursement annuel, s'ils se constituent au denier vingt.

### DES *dettes arriérées et en litige.*

LES dettes arriérées et en litige méritent un examen particulier, pour déterminer leur liquidation devant une commission du conseil, qui sera établie pour cette opération; et il en sera décidé suivant la nature et la validité de ces différentes créances, soit en argent, soit en promesses de remboursement, portant quatre pour cent d'intérêts, remboursables en trente années.

## EFFETS DE CETTE LIBÉRATION.

D'APRÈS ces principes, pourrait-on soupçonner la bonne foi d'un plan qui ne présente à SA MAJESTÉ que des moyens d'équité et de justice, dans l'ordre de sa libération, dont les effets ne s'écartent pas de sa parole sacrée, et qui concilient les intérêts de l'État avec tous les intérêts particuliers ?

### *SURETÉ des nouveaux emprunts.*

QUANT aux emprunts proposés pour la libération des dettes qui sont à rembourser en argent, peut-on douter qu'ils ne soient remplis ? Sous le régime actuel des finances, la plupart des viagers ne l'ont-ils pas été pendant la guerre, et même depuis la paix où l'on a continué d'emprunter 80 à 100 millions par an ? Pourquoi de nouveaux emprunts, bien combinés pour l'intérêt public, n'auraient-ils pas le même crédit, lorsqu'on verra des arrangemens plus solides dans ces engagemens, et l'application réelle de leur emploi, pour diminuer les charges de l'État, à qui la forme des emprunts par annuités est la plus convenable et la moins onéreuse ?

### *DES promesses de remboursement.*

QUANT aux promesses de remboursement, leur création n'offre rien qui puisse donner lieu au plus petit abus. Elles ne sont pas un papier-monnaie,

comme

comme le *Système de LAW*; elles ne sont que la représentation des capitaux et des intérêts à un denier plus bas, pour l'état des charges de la finance et des actions des Indes à rembourser. Elles améliorent la situation des créanciers, par des sûretés plus grandes; et le gouvernement ne peut abuser de ces promesses, pour les multiplier, puisque les talons en seront déposés dans des registres à la chambre des comptes de Paris, et qu'elles seront brûlées chaque année, en présence de commissaires du conseil royal des finances, à mesure de leur remboursement.

C'est à la fidélité du gouvernement qu'il appartient d'accréditer ces effets dans l'avenir pour les rendre utiles à la circulation, et fonder, par ce papier, un crédit national au pair de l'argent, qui n'est qu'un signe pesant de toutes les valeurs possibles. Aussi les nations commerçantes ont-elles établi des banques, pour multiplier avec leurs billets les signes numéraires, et doubler, par la célérité des payemens, l'activité de leur commerce.

## DE *la refonte des monnaies.*

CES billets de banque, signes factices de la circulation et du remplacement des especes que l'avarice enfouit, et que la précaution sage économise en partie, sans porter d'intérêts, a convaincu d'une vérité : c'est que l'argent n'est effectivement, dans le commerce, qu'une marchandise dont le prix varie, suivant l'abondance ou la variété des objets. Aussi est-on étonné, dans un siecle aussi éclairé que celui-ci, de voir encore songer à la refonte des monnaies, comme un moyen d'empêcher la sortie des especes, en baissant leur titre par un surplus d'alliage; comme si ce n'était pas toujours la balance du commerce d'une nation, qui décide de la sortie ou de la rentrée de l'or et de l'argent, pour en payer la solde. On a donc reconnu le danger des variations des monnaies, et l'erreur de leur refonte dont l'effet est toujours nuisible, par la méfiance et l'embarras qu'il met dans toutes les affaires de commerce, et par l'agiotage qu'il introduit dans l'échange des monnaies anciennes, qui tourne toujours à l'avantage du change étranger.

## DE *l'enregistrement des édits.*

ENFIN, le sentiment de tous les gens instruits et de tous les magistrats qui ont été consultés sur ce plan d'administration, et sur la forme de cette libération, est que ce siecle, par la force de ses opinions, est celui qui peut accueillir une semblable opération; que le plan porte sur des principes incontestables, et sur des bases inattaquables, combinées d'après les remontrances de tous les parlemens du Royaume, qui sollicitent la suppression des gabelles et de tous les impôts indirects; que la libération des dettes de l'État est balancée avec une justesse qui conserve tous les droits des créanciers, en soulageant la nation, par la diminution des intérêts; que cet ensemble qui produit, l'un par l'autre, le changement essentiel de la perception de tous les impôts indirects, présente le plus grand bien de l'État ; que les édits nécessaires pour l'établissement de cette nouvelle administration, seront enregistrés avec transport et sans aucune difficulté. En effet, le Roi n'éprouvera jamais aucune espece de résistance de la part de ses Cours, lorsqu'il est connu que SA MAJESTÉ n'est occupée que du soin paternel de soulager son peuple, et qu'il sera démontré que le vœu de son cœur est rempli.

### DE *l'établissement des Assemblées provinciales.*

PASSONS à l'objet de la discussion importante de l'établissement des assemblées provinciales, dans les pays d'élection et les pays conquis. On ne peut nier que c'est le vœu de la nation ; et on l'a vue transportée, lorsque le gouvernement en a fait le premier essai en Berri et dans la haute-Guienne, où ces établissemens prosperent encore pour le bien de ces provinces, malgré le choc de tous les intérêts particuliers qui cherchaient à les détruire. Comment pourrait-on croire que tous les ordres d'une nation se seraient trompés sur leurs veritables intérêts ? Comment pourrait-on imaginer que la formation du cadastre suffirait pour assurer la perception de l'impôt territorial ? Pour que cette perception soit exacte, il faut encore des guides intéressés à une répartition égale, et à ce que les contributions soient portées exactement et fidellement dans le trésor royal.

Il paraît donc indispensable, pour assurer la perception des impôts nouveaux, d'adopter le principe des assemblées provinciales. Mais pour fonder l'existence de ces établissemens précieux, il faut rendre une loi générale et précise sur l'étendue et les limites des fonctions et des pouvoirs de leurs députés. C'est à quoi a prévu, sur tous les objets possibles, la déclaration qui confirme l'établissement des assemblées provinciales : elle prononce même sur leurs dépenses particulieres qui ne monteront qu'à dix pour cent, c'est-à-dire, à 36 *millions*, pour tous leurs frais d'administration et levées d'impôts : encore y trouvera-t-on des fonds en réserve pour les calamités qui peuvent arriver tous les ans dans chaque province. Qu'on compare cette dépense avec les frais immenses de la perception actuelle des impôts directs et indirects ! ils montent à plus de 120 *millions*, en y comprenant ceux des saisies, des contraintes, et le monopole de la contrebande.

Enfin, de quoi s'agit-il dans ce plan d'administration ? d'un plan d'État, dont le changement insensible assure au gouvernement le succès de toutes les opérations qui en dépendent ; d'un plan dont les bases sont susceptibles de toutes les modifications, pourvu qu'on n'altere aucun des principes relatifs aux impositions principales. Tous les changemens accessoires et de détail en sont faciles ; mais il est une méthode à suivre dans les parties de l'exécution, dont il ne faut pas s'écarter, et dont la précision embrasse tous les resorts et les chaînons de cette grande opération, destinée à faire la gloire du regne de SA MAJESTÉ, et la prospérité du royaume.

## CONCLUSION.

Les bases du plan étant démontrées, les vérités élémentaires qui en découlent conservent leur certitude et leur évidence; les principes qui en dérivent, leur puissance, leur fécondité et leurs conséquences. L'*impôt territorial*, divisé et réparti comme il est proposé, n'a point l'inconvénient de l'*impôt unique*. Il doit être regardé comme *impôt principal*. Il fonde la portion essentielle des revenus de l'État, sur laquelle doit être établi le crédit public. Les impôts accessoires de l'impôt territorial formeront encore une masse assez considérable, pour ne porter en plus grande partie que sur les habitans des villes.

Alors les revenus égaliseront les dépenses, en liquidant chaque année une portion considérable de la dette publique, sans manquer de fonds pour les dépenses extraordinaires, quand même on serait forcé aux frais d'une guerre de terre et de mer.

Enfin, les lois relatives à ce changement d'administration sont rédigées et prêtes d'être présentées à l'enregistrement. Elles consistent :

1°. Dans un édit qui consacre les principes de la nouvelle administration.

2°. Dans une déclaration qui décide irrévocablement la composition des assemblées provinciales, et qui prescrit la forme de la répartition, de la perception de la comptabilité des nouveaux impôts.

3°. Dans les lettres patentes qui portent création des promesses de remboursement, et des annuités destinées à effectuer la libération des dettes de l'État, en trente années.

Ainsi tout est prévu; les opérations ne peuvent être arrêtées dans aucune partie de leur exécution. Elles seront consommées dans le cours de quinze mois du jour de l'enregistrement des édits, à l'époque de la recette du premier quartier des nouveaux impôts, dès que SA MAJESTÉ en aura consacré les principes dans l'*assemblée* publique des *Pairs* de son Royaume.

# QUATRIEME PARTIE.

DÉVELOPPEMENS

# DEVELOPPEMENS

SUR

# LES NOUVEAUX IMPOTS.

# THEOREME

## SUR

## LE COMMERCE DES GRAINS.

LA production des grains est le principe du revenu territorial ; elle dépend de la bonne culture et de la libre exportation des blés. Elle fut permise sous le ministere du duc de *Sully*, mais avec précaution et sans édit qui l'autorisât. Par cette liberté, l'agriculture se rétablit des ravages des guerres civiles ; la France devint le grenier de l'Europe ; le haut prix du blé entretint les richesses de l'État.

En 1600, la France récoltait 70 millions de setiers de blé. Le prix du setier était alors de $25^{\#}$ : cette vente produisait chaque année 16 à 18 cents millions, le marc d'argent à $22^{\#}$ $10^{s}$ ; aujourd'hui le Royaume, agrandi par la réunion et la conquête de plusieurs provinces, récolte à peine 60 millions de setiers de blé à $15^{\#}$ le setier, le marc d'argent à $49^{\#}$ $10^{s}$. (*a*)

Cette différence dans la production prouve combien il est nécessaire d'accorder une liberté entiere au commerce des grains, pour encourager l'agriculture. Sans cette liberté, l'abondance forme un engorgement qui met le blé à trop bas prix : alors les avances ne sont plus remboursées par les produits ; les terres

(*a*) Eloge de *Sully*, par M. *Thomas*, de l'académie française.

deviennent un fond stérile que le cultivateur laisse en friche, que souvent même il abandonne.

Après *Sully*, *Colbert* défendit, sans édit, la libre exportation des grains, pour fournir les denrées à bas prix à ses manufactures. Qu'en est-il résulté? les manufactures de soie ont détruit celles de draps; elles ont diminué la consommation des laines; la dépopulation des troupeaux en a été la suite nécessaire; elle a altéré la fécondité du sol; l'agriculture a dépéri sensiblement dans les provinces éloignées.

Pour fabriquer quelques étoffes riches qui donnent quelques profits, nous avons perdu des millions sur le produit des terres, dont le travail entretient un plus grand nombre de salariés que le défaut d'ouvrage force à la mendicité. On a calculé que deux millions de cultivateurs peuvent faire naître *un milliar de productions*, au lieu que trois millions d'artistes ne peuvent produire à l'État que 70 *millions* en marchandises de main d'œuvre.

Aujourd'hui que la population du Royaume est portée à 24 millions d'habitans, que le numéraire monte à 1800 millions, comment l'agriculture manque-t-elle de bras et de capitaux pour augmenter ses valeurs? C'est un problême facile à résoudre. Le luxe des villes et la servitude de la milice dépeuplent les campagnes; les emprunts royaux engloutissent la plus grande partie des capitaux; l'or caché par méfiance et par avarice diminue les moyens de la circulation du numéraire; les gênes et les entraves qu'éprouve encore le commerce des grains nuisent au progrès de l'agriculture; les impôts sur les consommations, sur-tout les gabelles et les aides, sont autant de fléaux destructeurs de cette agriculture, source de toutes les richesses et de tous les revenus publics d'un État agricole.

M. de *la Verdy* est le premier et le seul ministre qui mérite l'éloge d'avoir osé rendre, en 1764, un édit illimité sur la libre exportation des grains. On exporta aussitôt; mais une année stérile survint, les monopoleurs en profiterent pour exciter la cherté: on se crut obligé de renoncer à la libre exportation de cette denrée. La liberté indéfinie du commerce des grains a donc ses inconvéniens, comme l'interdiction absolue de cette même liberté. Celui-là seul ressuscitera l'agriculture, qui fixera le *medium*, le point d'équilibre entre ces deux extrêmes.

L'émeute arrivée sous le ministere de M. *Turgot* ne peut militer contre cette liberté sagement combinée sur le commerce des grains. La France, par l'immensité de son territoire, est toujours sûre de pourvoir à sa subsistance intérieure. Cette émeute ne fut occasionnée que par les monopoleurs des magasins royaux: la preuve en est que la loi de 1774 subsiste; que son exécution est dans toute sa force; que ses effets n'ont produit aucun inconvénient; qu'au contraire, il en est résulté des secours abondans dans toutes les provinces qui ont été menacées de disette. Il était réservé à l'édit de 1787, de rompre toutes les entraves de l'exportation : mais il est encore un article dans cette édit, contraire à ce principe, qui peut en suspendre l'effet, au grand préjudice de la liberté de ce commerce.

Le systême de l'Angleterre prouve assez que la libre exportation des grains fait la richesse d'un État possesseur d'un grand territoire. C'est depuis la *grande chartre* rendue en 1689, en faveur de cette liberté, que les Anglais n'achetent plus de grains à l'étranger; qu'ils en vendent pour des millions sterling à l'Europe. Au reste, si cette nation éprouve quelquefois des disettes, la loi est faite; elle vient aussitôt à son secours pour empêcher l'exportation; le gouvernement trouve, en tout temps, dans la sagesse de ses réglemens, les moyens de fournir à sa subsistance. Puisons donc dans l'exemple de nos rivaux l'effet salutaire d'une loi qui a fait, des campagnes de la Grande Bretagne, le jardin de la terre promise, où le cultivateur est l'habitant le plus libre, le plus aisé, le plus fortuné de l'univers. Veut-il quitter l'aisance tranquille de ses foyers, il entre dans le sein des villes, où il trouve, comme en France, tous les fléaux de la cherté des douanes et des accises, occasionnés par la rigueur des taxes et des impôts sur les consommations.

# DISSERTATION

## SUR L'IMPOT TERRITORIAL.

L'IMPÔT territorial est incompatible avec la levée des *impôts indirects ;* il doit remplacer les vingtiemes qui, ayant été établis, supprimés et imposés depuis 1710, sans loi fixe, ont toujours été considérés, par les Cours souveraines, comme un impôt extraordinaire qui doit être aboli, tant que l'impôt indirect portera sur les terres. Mais comme la dépense de l'État ne peut être payée que par l'imposition, la propriété doit en supporter la majeure partie; aussi l'impôt territorial est-il de droit naturel et le seul juste, quand il sera dégagé du monopole des impôts indirects.

En Angleterre toutes les taxes sont réelles; il n'y en a point de personnelles. Elles portent principalement sur les biens-fonds et sur les choses de luxe, qui ne renchérissent pas les besoins de la vie du peuple. C'est la propriété seule qui paye la taxe des terres; ce qui simplifie beaucoup la perception, sans que les propriétaires en soient plus chargés, puisque leurs biens sont loués en raison de l'exemption de leurs fermiers. Les fonds de terres y sont même moins imposés qu'en France, quoiqu'ils paraissent payer le tiers de leur produit. Mais comme l'impôt est fixé au sou la £ d'un ancien *cadastre* du temps du roi *Guillaume*, et que, depuis cette époque, les fonds de terre ont plus que doublé, un propriétaire ne paye en effet aujourd'hui que le sixieme de son revenu territorial, sous le nom de la *taxe des terres*.

Il résulte de ce cadastre qu'il ne regne dans les taxes aucun arbitraire, et que la levée de l'impôt ne donne point lieu à la malheureuse nécessité des contraintes, des exécutions, des emprisonnemens, et à ces frais énormes de justice qui ruinent le cultivateur et l'agriculture : aussi en Angleterre le laboureur ne craint-il point de donner l'essor à son industrie; il fait valoir son champ, et paraître ses richesses, sans redouter l'augmentation des taxes. Son intérêt est de mettre ses facultés au jour, de les employer et de multiplier ses ressources pour augmenter sa culture et son crédit. La longueur des baux ne contribue pas peu au bien de l'agriculture de ce Royaume; la loi ne permet pas qu'ils soient moins de dix-huit ans, et la plupart sont des emphytéoses de quatre-vingt-dix-neuf ans, payables en grains; de sorte qu'un laboureur se considere, lui et sa famille, comme propriétaires de leurs fermages, et ils emploient tous leurs moyens à en augmenter les valeurs.

Cette observation prouve que là où l'agriculture est libre et bien ordonnée, là aussi la propriété supporte facilement la plus grande partie des impôts : aussi l'*impôt territorial* a-t-il toujours été considéré, chez les nations agricoles, comme le principe et la source premiere de tous les revenus publics. Sous

quelque

quelque forme qu'on leve les taxes, c'est toujours le territoire qui les supporte : ainsi l'impôt déguisé n'en porte pas moins sur le sol ; il est d'autant plus onéreux, qu'il arrête et gêne la consommation ; il nuit à la reproduction, et les frais qu'il entraîne coûtent une partie de l'imposition même.

L'objection qu'on peut faire contre l'*impôt territorial* est la difficulté de le fixer avec égalité, et d'empêcher la fraude des propriétaires de mauvaise foi : c'est à ces deux inconvéniens que le cadastre doit remédier. Celui qu'on présente est d'autant plus facile qu'il coûtera peu, et que le propriétaire sera intéressé à le produire. Par ce moyen, la valeur de chaque propriété sera estimée par une appréciation juste qui ne surchargera point l'agriculture. La fraude, si commune dans les déclarations actuelles des vingtiemes, deviendra impossible, d'après les bases qui serviront de regle à la perception ; et si l'on tire actuellement 40 millions des deux vingtiemes des provinces d'élection et des pays conquis, on ne peut pas douter que, par la régularité du cadastre des terres et de l'estimation de leur produit en nature de fruits, les deux vingtiemes de l'impôt territorial ne soient facilement portés à 70 millions ; ce qui présente effectivement l'augmentation de trois septiemes sur les deux vingtiemes actuels, mais qui sera bien légere, si on considere la suppression de tous les impôts indirects que l'impôt territorial remplacera en partie.

La nature de cet impôt n'a aucun rapport avec l'*impôt unique* ni avec la *dixme royale* en nature de fruits, dont les frais seraient immenses, la perception incertaine, et qui s'étend sur des parties nuisibles au progrès de l'agriculture. La division du produit général de chaque propriété est faite en trois parties égales. La premiere, affranchie de toutes impositions, fournit aux frais de la reproduction; ce qui place naturellement dans la seconde partie les vingtiemes de l'impôt territorial, que le propriétaire doit supporter seul; et cette contribution du propriétaire établit de suite les deux dixiemes de la *taille réelle*, que doit payer l'exploitateur. Elle est fixée avec proportion au *double* de l'impôt territorial, vu que la premiere partie, consacrée aux frais de la reproduction, est entierement confiée aux bénéfices de l'économie rurale de l'exploitateur.

De la suppression de tous les droits d'entrée dans les villes, résultera une franchise entiere sur le commerce des bestiaux, dont la population, livrée à la liberté et à l'intérêt du cultivateur, doit augmenter en proportion de ses soins, au profit de l'agriculure, et par conséquent au profit de l'impôt territorial.

De la suppression des aides, la culture des vignes doit prendre une activité nouvelle; et cette production, si précieuse au Royaume, doit s'étendre, comme toutes les autres parties de l'agriculture, au profit du commerce, au profit du revenu des propriétaires, et par conséquent des revenus publics.

De la suppression des droits de traites, de province à province, et de toutes les douanes intérieures, particulierement de celle de Valence et de Lyon, doit naître une émulation nouvelle dans toutes les parties de l'industrie. Cette liberté intérieure multipliera l'emploi des matieres premieres. De nouvelles branches de commerce s'ouvriront de proche en proche, et procureront à ce Royaume un double moyen de richesses, pour augmenter son numéraire. Cette liberté, si désirée, fera valoir l'agriculture dans toutes ses parties; et, par l'ordre établi dans la nouvelle perception des impôts, les revenus de l'État augmenteront en proportion des revenus de la propriété, à chaque renouvellement du cadastre qui sera toujours fait aux frais de chaque communauté.

Il résulte donc les plus grands avantages de l'établissement de l'impôt territorial, lorsqu'il sera réparti et perçu avec mesure, par un *cadastre* qui en constatera les revenus. Mais, pour cette opération, il faut délivrer le territoire de la surcharge des impôts sur les consommations, qui absorbent par les frais de perception une grande partie des revenus publics.

On trouve aujourd'hui un double avantage d'adopter l'*impôt territorial* justement combiné avec les revenus de la propriété et les frais de culture, puisque le *clergé* offre de s'y soumettre, en se réservant la levée particuliere de son imposition, pour la payer en forme de don gratuit; forme indifférente au produit de l'impôt, si l'estimation des biens du clergé est soumise à l'inspection des États et des assemblées provinciales de la nation.

Si les *pays d'États*, en admettant l'*impôt territorial*, consentaient d'adopter aussi la *subvention générale* sur les maisons, comme les pays d'élection, en remplament de leurs impôts sur les consommations, et que les *nobles* fissent le sacrifice de leur exemption sur les tailles, alors l'impôt territorial avec la subvention des villes établiraient cette uniformité si désirée dans les impositions de toutes les provinces; ce qui donnerait à ce Royaume les ressources infinies que lui présentent les revenus de son territoire, et la liberté de son commerce et de son industrie.

Mais ce consentement doit être libre: il dépend d'un sacrifice à faire pour le bien public, qui ne peut se trouver que dans le patriotisme des provinces. Ce sentiment inné dans le cœur de tous les bons Français, ne doit donner aujourd'hui que plus de force au gouvernement, pour adopter un plan d'administration qui ne surcharge point la nation, qui au contraire diminue le fardeau des impôts actuels, qui augmente les revenus de l'État, par la suppression de tous les frais de perception que coûtent *les gabelles, le tabac, les aides, les entrées et les traites*, et dont le vœu est consigné depuis cinquante ans dans toutes les remontrances des Cours souveraines.

# CONSIDERATIONS

## SUR

## L'IMPOT INDIRECT.

Les partisans de l'impôt sur les consommations ont toujours présenté ce moyen comme le plus sûr, pour faire contribuer proportionnellement toutes les différentes classes de citoyens. En conséquence, ils ont abusé le gouvernement, en lui persuadant que cette imposition serait d'un grand produit pour le souverain, et en même temps d'un poids léger et presqu'insensible pour les peuples. Mais cette illusion, qui allie ainsi les contraires, est facile à détruire. Nous allons prouver que la charge de l'impôt indirect n'est pas réellement et à beaucoup près aussi légere, ni son produit aussi grand qu'ils le paraissent dans la spéculation.

Il est vrai que, tout le monde étant forcé de consommer, tout le monde aussi est forcé de payer; et si l'on s'arrête à cette seule considération, on voit idéalement croître l'impôt sur les consommations, en raison du nombre des consommateurs.

Mais de ce produit illusoire il faut défalquer d'abord les frais de perception, qui croissent eux-mêmes en raison du nombre des régisseurs et des commis employés à cette régie. Voilà donc une grande partie du produit qui se dissipe nécessairement à la charge des consommateurs ; et ce serait encore une erreur de croire que le surplus est le revenu réel de cet impôt, pour le compte du souverain.

Les impôts sur les consommations ayant tout renchéri pour le Roi comme pour ses sujets, et ce renchérissement portant sur toutes les dépenses de l'État, comme sur celles des particuliers, le revenu de SA MAJESTÉ, sur les consommations, diminue en proportion de ses dépenses : si bien que, croyant ne mettre cet impôt que sur ses sujets, c'est principalement sur elle-même que SA MAJESTÉ l'établit; elle en paye sa part, et cette part est d'autant plus grande qu'elle est obligée à de plus grandes dépenses. En deux mots, cet impôt n'est réellement, pour l'industrie qui consomme, qu'une avance à laquelle on la contraint, mais qu'elle force à son tour le souverain de lui rembourser.

Les matieres premieres, travaillées dans les manufactures, passent par la main des artisans et par celle des marchands, avant d'arriver aux consommateurs ; et de l'une à l'autre de ces différentes mains, elles acquierent un accroissement sensible de prix, parce que l'artisan et le marchand ont soin de se rembourser successivement des impôts qu'ils ont payés ; inconvénient qui augmente d'autant la charge du consommateur, puisqu'en payant le dernier impôt mis sur la marchandise qu'il achete, il paye en même temps l'impôt de l'artisan et celui du marchand.

Cependant le gouvernement est bien loin de soupçonner que ces taxes soient onéreuses pour les peuples, dans la persuasion où il est que chacun peut à son gré mettre des bornes à sa consommation; qu'il ne payera jamais que ce qu'il voudra bien payer; que cette imposition ne fait violence à personne; qu'il ne peut y en avoir de moins pesante que celle qui laisse aux consommateurs une entiere liberté d'augmenter ou de diminuer leurs dépenses.

En raisonnant ainsi, les partisans de l'impôt indirect n'ont considéré que le consommateur opulent, qui seul est le maître de modifier sa dépense. Sans doute cette liberté lui appartient, si l'on peut toutefois appeler de ce nom la nécessité où il est de se priver de jouissances qui lui sont devenues nécessaires. (*a*)

Mais les sujets qui ne gagnent, au jour le jour, que leur subsistance et celle de leur famille, sont-ils libres de diminuer la somme de leurs consommations? Cette classe de consommateurs est cependant la plus nombreuse, et parmi eux il en est même beaucoup qui manquent de pain, et que l'impôt sur les consommations force à la mendicité.

Il y a plus : supposons que tout le monde soit également libre de se retrancher de ses consommations; que le Roi soit le premier à donner l'exemple;

(*a*) Sentiment de feu M. l'abbé de *Condillac* sur l'impôt indirect, dans son excellent *Traité sur le commerce.*

ce qui, tôt ou tard, sera pour SA MAJESTÉ d'une nécessité absolue, parce que, vu le haut prix où tout est monté, ses revenus ne suffisent plus à ses dépenses. Hé bien! quels seront les effets de cette prétendue liberté ?

Ces retranchemens dans la dépense des citoyens, dans celle des riches sur-tout, porteront atteinte à l'agriculture, à l'industrie et au commerce, puisqu'ils frapperont successivement sur le laboureur, sur l'artisan et sur le marchand : de-là, la ruine des manufactures dans les villes; et, dans les campagnes, celle de l'agriculture. Alors, une multitude d'ouvriers, à qui ces deux soutiens de l'État offrent encore un travail assuré, resteront forcément dans l'oisiveté, mendieront, voleront; et ceux qui trouveront à s'occuper après cette révolution, ou obtiendront que leurs salaires soient augmentés, ou subsisteront misérablement.

Dans cet état des choses, les ministres du souverain, qui ont besoin d'augmenter ses revenus, doublent l'impôt sur les consommations, par des sous pour £; et ces accroissemens achevent de ruiner l'agriculture, et d'anéantir les arts : effets dont on s'aperçoit sensiblement depuis long-temps, et principalement depuis 1782, époque de l'établissement des 8[s] pour £ sur tous les objets de consommation.

Qu'on calcule ensuite les torts que font au commerce les gênes innombrables dont l'impôt indirect est une source intarissable ; les perquisitions qu'on fait aux portes des villes; les formalités nécessaires

pour

pour estimer les marchandises ; les discussions, les procès auxquels ces formalités donnent lieu ; les vexations qu'elles entraînent, pour multiplier les frais ; les dommages qu'en reçoivent les marchandises par leur dépôt forcé aux douanes, et les pertes que les marchands n'éprouvent que trop souvent, en manquant le moment favorable à leur vente.

Et que n'aurions-nous pas à dire de l'impôt des aides sur la culture des vignes ! Croirait-on que le vœu continuel du vigneron est de n'avoir jamais que des demi-récoltes ? Plus l'année est abondante, plus la misere du cultivateur est grande ; plus il recueille de pieces de vin, plus il a d'impôts à payer, et moins le vin a de prix. C'est au point qu'on a vu, en 1781, des vignes chargées de fruits, abandonnées par les cultivateurs, pour se dérober à la surcharge de l'impôt qui les écrase dans les années d'abondance. De plus, les droits d'entrée et de sortie sont également excessifs sur les bons comme sur les mauvais vins ; tellement qu'une piece vendue 30# paye 45# de droits, comme celle qui coûte 90# ; et, pour l'une comme pour l'autre, cette taxe sera la même dans une année de disette, comme dans une année d'abondance.

Mais c'est assez démontrer aux yeux des hommes d'État, que ce Royaume est seul capable, par l'étendue et la richesse de son territoire, de se passer de l'impôt sur les consommations ; que cette *invention fiscale* est la plus funeste de toutes. En effet, quel avantage pour l'agriculture, l'industrie et le commerce de la France, le jour que, par l'établissement de l'*impôt de subvention*, et par la suppression de tous les impôts sur les consommations et sur les traites, elle pourra donner ses vins, ses eaux-de-vie, ses huiles, ses sels, ses toiles, ses draps et toutes ses étoffes à meilleur marché qu'aucune nation du monde.

# COROLLAIRE

## SUR

## LES ASSEMBLÉES PROVINCIALES.

La contradiction qui s'est établie sur la formation des assemblées provinciales mérite un sérieux examen; car il faut être en garde contre le motif des intérêts particuliers qui présentent toujours au gouvernement de grands inconvéniens sur ces établissemens. Si l'usage du pouvoir confié à un seul administrateur, pour faire la répartition des impôts d'une province, est trop abusif, il faut changer le principe de cette autorité pour le modifier : alors, en combinant bien l'harmonie de la puissance du souverain avec l'intérêt général des peuples, on doit trouver la correction des vices de cette autorité abusive.

En effet, que peut-on redouter de l'abandon aux provinces d'élection comme aux pays d'États, de la lévée de leurs impôts, dont le Roi doit toujours déterminer la mesure, suivant la nécessité de la dépense. Il est évident qu'il n'en peut résulter qu'un grand bien pour l'accroissement des revenus de l'État. Des hommes élus par leurs pairs, avec l'approbation de leur souverain, pour veiller à la fidélité de la perception, ne peuvent favoriser la fraude de l'impôt; au contraire, chacun est intéressé à la justesse de la répartition. Ces assemblées, réunies en corps d'administration, doivent ranimer l'émulation des citoyens accablés du pouvoir absolu des intendans. Elles porteront tous les sujets à un genre d'instructions utiles qui ne peuvent être dangereuses pour le gouvernement.

Quels inconvéniens raisonnables peut-on présenter sur la formation de ces établissemens dans les provinces d'élection et les pays conquis? Le Roi peut-il craindre la diminution de son autorité, en accordant un pouvoir limité à ses sujets, pour lui payer aux moindres frais possibles des contributions qu'il aura fixées par des édits enregistrés devant les Cours souveraines? N'est-il pas à croire qu'un choix de colons habitués sur les lieux connaîtront mieux les facultés de leurs concitoyens, qu'un jeune administrateur gouverné par la cupidité de ses subordonnés; et si plusieurs intendans ont mérité la vénération de la postérité, combien sont restés dans l'oubli, laissant les provinces qui leur étaient confiées, plongées dans la plus grande misere.

L'intérêt de l'État s'accorde donc avec le vœu des peuples, pour voir l'établissement des assemblées provinciales se perpétuer dans chaque province d'élection, qui soient chargées de lever les impôts sur des bases fixes, et des regles dont elles ne puissent s'écarter; mais c'est au Roi seul qu'il appartient de faire cette loi difficile, où la force exécutrice doit concourir autant au soutien de son pouvoir qu'à l'intérêt public. Tant que cette loi sera débile, incertaine, les choses resteront imparfaites ; ces assemblées ne pourront opérer tout le bien qu'on doit en attendre pour la prospérité des provinces. Ce qui démontre bien leur utilité, c'est que, malgré le peu de consistance de ces assemblées, celles du Berri et de la haute-Guienne ont produit des réglemens déjà utiles, sur la répartition de la taille, et sur la construction des chemins publics, en détruisant la corvée.

En Guienne, on en doit les effets aux talens, à l'appui et à la persévérance de MM. de *Cicé* et de *Colbert* qui se sont succédés, avec le même esprit, à l'évêché de Rodez. Ces prélats, aidés de leurs concitoyens, ont résisté à toutes les attaques qu'on a voulu porter à l'assemblée de la haute-Guienne ; ils sont parvenus à faire des réglemens constitutionnels et si bons, qu'ils devraient servir de modele aux assemblées provinciales qu'on forme dans chaque province.

En Berri, l'assemblée de cette province n'a pas eu le même succès, parce qu'elle a été arrêtée dans ses opérations par des décisions ministérielles qui ont rendu à l'intendant une partie de sa prépondérance dans l'administration. Cependant, malgré ces obstacles, il en est encore résulté des ordonnances utiles pour la province et pour la construction économique de ses grandes routes, qui ne coûtent plus en Berri que 25,000# par lieue (*a*), sans corvées

(*a*) Cette lieue de 2000 toises, de 42 pieds entre les fossés, et de 18 pieds d'empierrement, coûtait autrefois 50 à 52,000# à la province : les corvées coûtaient 620,000#; la contribution actuelle en argent ne coûte plus que 274,000#; et les travaux sont plus considérables et plus solides : fruit de la bonne administration de l'assemblée provinciale du Berri.

forcées, et sans surcharges pour les gens de la campagne. C'est sur-tout à M. le duc de *Charost*, à M. de *Séguiran*, aujourd'hui évêque de Nevers, et à feu M. le marquis de *Bonneval*, que le Berri doit tous les bons réglemens de son assemblée: ils en ont été les premiers créateurs, et leurs travaux ont préparé au Berri des sources de richesses qui s'accroîtront chaque année.

Si l'on pouvait s'étendre sur le commerce des laines de cette province, on renverrait au livre des *Observations-pratiques sur les bêtes à laine du Berri*, par M. le vicomte de *Lamerville*, dont la fraternité ne me permet pas de faire tout l'éloge qu'il mérite. Cet ouvrage est d'autant plus précieux pour le Berri, qu'il est le fruit d'une expérience consommée sur cette partie de l'agriculture; qu'elle est secondée des plus belles races d'Espagne, que ce gentilhomme cultivateur a fait venir, à ses frais, de Castille et de Ségovie; que son établissement est aujourd'hui le centre des béliers qui doivent changer la race dégénérée des moutons de cette province, dont les laines font le principal commerce. Mais pourra-t-on croire qu'un service aussi signalé, que de très-grandes dépenses qui ont été employées à cet établissement aient été confondues dans la multitude des refus du ministere, quoiqu'une récompense honorifique et méritée ait été sollicitée par feu M. l'archevêque de Bourges, au nom de l'assemblée de la province?

Cette insouciance de la part du gouvernement sur des parties aussi intéressantes, fait toujours craindre que le changement de ministre ne fasse changer aussi de principes sur l'établissement des assemblées provinciales. C'est pourquoi il est bien essentiel de les organiser de façon que leur existence ne puisse plus dépendre de la volonté arbitraire d'un administrateur. Les variations qu'elles ont déjà éprouvées dans leur constitution, depuis leur création, donnent d'autant plus de fondement à ce raisonnement, qu'il est prouvé qu'en France, l'ambition ou de faux ménagemens renversent presque toujours les meilleurs établissemens, à moins qu'ils ne soient cimentés par l'autorité de l'enregistrement unanime des Cours souveraines.

Pour s'en convaincre, on doit remonter à l'origine du principe des assemblées provinciales. C'est M. le marquis d'*Argenson* qui, le premier, a posé le principe des États provinciaux dans son excellent livre, et trop peu connu, des *Considérations sur le gouvernement*, dont *Jean-Jacques Rousseau* a fait un si grand éloge dans son discours sur l'*Inégalité des conditions*. M. le marquis de *Mirabeau* a adopté ce système, et il a présenté le plan de la constitution et de l'organisation de ces *États provinciaux*, dont la dénomination aurait dû être attribuée de préférence à celle des assemblées provinciales, pour les rapprocher davantage des pays d'États, et pour leur donner plus de consistance, plus de force et de considération dans l'opinion publique. M. *Turgot* avait mutilé les vues de M. d'*Argenson* et de M. de *Mirabeau*, en projetant de simples municipalités dans chaque province. M. *Neker* a l'honneur d'avoir rectifié son projet, et de l'avoir mis à exécution sous une constitution mieux combinée ; mais il eut été à désirer, pour le bien public, que cet administrateur eût pu former ces établissemens dans toutes les provinces, le même jour et par un seul édit : elles auraient peut-être mis un frein aux prodigalités qui ont suivi son ministere : le *déficit* actuel n'existerait pas.

Enfin le moment est venu où le ministere paraît vouloir soutenir avec courage ces établissemens encore naissans, du choc de toutes les contradictions possibles. L'autorité doit consommer cet ouvrage; mais il dépend bien moins de la force que d'une bonne organisation dans tous les réglemens de sa constitution.

La loi qu'on propose, pour affermir l'établissement des assemblées provinciales, semble prononcer sur tous les objets dont elles doivent être chargées. Leurs pouvoirs sont déterminés et limités : ils doivent embrasser la répartition, la perception et même la comptabilité de tous les impôts. Leurs fonctions principales sont d'empêcher l'arbitraire dans la répartition, et d'assurer la fidélité dans la perception : *avantage* le plus grand que puisse éprouver le Royaume, par rapport à l'accroissement progressif de ses revenus, et par rapport au soulagement des peuples, plus opprimés par l'injustice et l'arbitraire de la répartition que par l'impôt même.

OBSERVATIONS

# OBSERVATIONS

## SUR

## LES ENREGISTREMENS DES PARLEMENS.

Les hommes instruits dans les parlemens, comme dans les autres classes de la société, savent que notre systême actuel des finances est un vieux bâtiment élevé par degrés, réparé à diverses époques, sans qu'aucun architecte en ait tracé le plan, ni dirigé l'exécution. C'est un édifice délâbré, écroulant sur lui-même, qu'on ne soutient depuis long-temps qu'à force d'étais; mais ils sont si multipliés qu'ils en bouchent l'entrée : il faut donc l'abattre et le réédifier sur le meilleur plan imaginable.

Or, le plan proposé est tellement conforme aux vues que les Cours souveraines ont manifestées dans leurs différentes remontrances, qu'il semble, à certains égards, qu'il ait été formé d'après leurs avis et leurs mémoires. Qu'on consulte celles du parlement de Paris, de 1754 et 1760; celles du parlement de Rouen, de 1756; celles du parlement de Bordeaux, de 1759; enfin, celles de la Cour des aides de Paris, de 1773 et 1775; on trouve que les opérations de la nouvelle administration des finances s'accordent merveilleusement avec les principes établis dans toutes ces remontrances.

Les parlemens, en refusant l'enregistrement des nouvelles lois, se mettraient donc en contradiction évidente ; en effet, qu'ont-ils à considérer dans ce changement?

1°. L'intérêt public en général.

2°. Leur intérêt particulier.

Le premier leur paraîtra rempli, sans doute; car il est démontré qu'il n'y aura pas un individu dans le Royaume qui n'y gagne quelque chose dans sa position ou dans ses facultés, soit dans le présent, soit dans l'avenir.

Le second n'est blessé à aucun égard ; ils le sentiront d'autant mieux que, par la déclaration qui confirme l'établissement des assemblées provinciales, leurs pouvoirs n'en souffrent aucune atteinte, par rapport à l'enregistrement des impôts.

L'opposition des parlemens, à la prolongation de la loi des vingtiemes, pourrait donc être fondée dans toute autre circonstance que celle-ci, où le *déficit* les rend indispensables pour les besoins de l'État; car cet impôt ne fut établi que comme un secours passager, mais nécessaire en temps de guerre, et qui devait finir avec elle, comme un impôt extraordinaire ajouté aux impôts permanens et indirects.

Le premier dixieme fut établi en 1710; il fut supprimé en 1717 : le cinquantieme fut substitué au dixieme, en 1725, et fut supprimé en 1727 ; le dixieme, rétabli en 1733, fut supprimé en 1749, pour être remplacé par les deux vingtiemes actuels, dont le second devait cesser à la fin de 1767 ; mais il a été prorogé jusqu'en 1770, puis jusqu'en 1779, puis jusqu'en 1790, et enfin jusqu'en 1792, terme insuffisant pour que l'État puisse se passer de sa prolongation, peut-être indéfinie.

Ces établissemens divers, et leurs suppressions successives, caractérisent assez cet impôt comme un secours extraordinaire et passager, pour que les parlemens aient été fondés à en solliciter la décharge auprès du souverain ; tant que les impôts indirects subsisteront, ils seront également fondés, en vertu des édits enregistrés, à demander la fin des vingtiemes aux différentes époques marquées pour leur suppression.

Mais cet impôt changera de caractere, quand le souverain soulagera son peuple au lieu de le gréver; quand il le débarassera des entraves et des surcharges qu'entraînent les gabelles, les aides, les droits d'entrées et les traites foraines; quand il le fera jouir de la plus grande liberté dans ses actions civiles et mercantiles, et qu'il en résultera que tout propriétaire payera moins qu'il ne paye aujourd'hui : alors on verra les parlemens adopter unanimement la loi qui établira, sur ces principes et sous ces modifications, l'assiette des vingtiemes de l'*impôt territorial*.

Quand SA MAJESTÉ, en adoptant le nouveau plan d'administration, dira à son parlement assemblé, avec les pairs du Royaume :

„ *Messieurs*, après avoir bien examiné la situation „ de mon Royaume et celle des finances de l'État, „ j'ai résolu d'en simplifier la perception, et de pros- „ crire à jamais l'arbitraire dans la répartition de

„ l'impôt. Je veux que les contributions de mes „ fidelles sujets entrent dans mon trésor royal pour „ le soutien de l'État et de la dignité de ma couronne; „ et qu'une grande partie ne s'en perde plus, comme „ par le passé, dans des canaux détournés. Voilà sur „ quel plan j'ai déterminé d'établir l'administration „ de mes finances : ce plan, je l'ai puisé dans les „ principes de mon parlement; cela lui fera connaître „ le cas que je fais de ses remontrances. En adoptant „ ces principes, Messieurs, je ne puis pas douter „ de votre zele et de votre promptitude à enregistrer „ les édits qui vous seront présentés. C'est ce que „ j'attends de votre obéissance et de votre attachement „ à mon service. „

On ne voit pas sur quoi les Cours souveraines pourraient fonder leurs oppositions : tous ceux qui les composent ont une propriété quelconque, et presque tous des propriétés diverses. Chacun d'eux aura bientôt calculé son gain ou sa perte avec l'intérêt général. Alors, si les parlemens présentaient des obstacles, sous le prétexte de leur incompétence à enregistrer de nouveaux impôts, qui, dans le fait, ne seront qu'un remplacement modéré des anciens, SA MAJESTÉ assemblerait les *États généraux* pour leur présenter avec assurance un plan d'administration, dont l'exécution appartient à ce siecle de lumieres, pour rendre à ce Royaume tous ses moyens de richesse, qu'il ne peut trouver que dans l'accroissement de son agriculture et dans la liberté de son commerce intérieur.

TABLEAU, N°. 1.

# TABLEAU TERRITORIAL DE LA FRANCE.

N°. 1.

## ÉTAT DE L'EXPLOITATION GÉNÉRALE DU TERRITOIRE.

*Le territoire de la France comprend* 140 *millions d'arpens quarrés.*

SAVOIR:

| | | MILLIONS d'arpens. | |
|---|---|---|---|
| TERRES en pleine culture, affermées en argent, sur lesquelles porte la surcharge des impôts. | En terres labourables en blé, dont un tiers est alternativement cultivé en froment ou seigle, un tiers en avoine, orge ou chenevieres, et l'autre tiers reste tous les ans en jachere. | 36 | 77 |
| | En prés, herbages et pâturages. | 8 | |
| | En vignes | 3 | |
| | En forêts et bois de haute futaie, exploités par coupes réglées, de 400 mille arpens. | 24 | |
| | En bois taillis, exploités par coupes réglées, de 300 mille arpens. | 6 | |
| TERRES par amodiations en dégradation, ou stériles, qui ne peuvent supporter la charge actuelle des impôts. | En métairies cultivées en menus grains, communes et coteaux, dont une grande partie sert de pâture aux moutons, et supplée aux pâturages de meilleure espece | 44 | 63 |
| | En terres incultes, landes, halliers, marais et marécages qu'on ne peut animer qu'à grands frais, et par l'industrie du cultivateur, lorsqu'il ne craindra plus la surcharge des impôts | 7 | |
| | En rivieres, étangs, chemins, parcs, jardins, châteaux, manoirs, églises et monasteres. | 4 | |
| | En montagnes et rochers de nulle valeur | 5 | |
| | En terreins occupés par l'enceinte des villes | 3 | |

TOTAL des arpens du territoire de la France. . . . . . . 140 millions.

OBSERVATIONS.

1°. Le produit général du territoire d'une nation qui se nourrit de son propre sol, doit être calculé d'après sa population et la nécessité de sa consommation. Il s'ensuit que si la France contient vingt-quatre millions d'habitans qui soient obligés de dépenser, l'un dans l'autre, six à sept sous par jour, pour les premiers besoins de leur subsistance, le revenu territorial de ce Royaume doit être au moins de trois milliars, sans compter la consommation du produit des bois, des vignes et des prés, qui n'appartient qu'aux gens riches.

2°. Au reste, si on pouvait nier cette assertion sur le produit territorial de la France, on ne pourra avoir aucun doute sur le revenu de l'impôt territorial, puisque le cadastre doit en porter le montant à 100 millions, par une répartition égale sur tous les revenus des biens-fonds du Royaume. A cet effet, les revenus des provinces d'élection et des pays conquis seront estimés 700 millions, pour servir de base à la levée des deux vingtiemes de l'impôt territorial sur le pied de 70 millions, ce qui fixera naturellement le produit de la taille réelle à 140 millions, puisqu'elle doit rendre en deux dixiemes le double de l'impôt territorial.

3°. Qu'on se rappelle l'opération faite dans le pays de Gex, sous le ministere de M. *Turgot.* Ce pays s'est racheté de tous les impôts indirects, par des abonnemens plus profitables aux finances du Roi, et moins à charge aux habitans. C'est une preuve évidente de la facilité de cette répartition. Fixer les impositions, et laisser les contribuables s'en faire le partage entre eux: voilà le grand secret de l'administration, pour assurer les revenus de l'État, sans surcharger les peuples.

## ÉTAT DU PRODUIT GÉNÉRAL DE TOUTES LES VALEURS RENAISSANTES DU TERRITOIRE.

*Le revenu général du territoire de la France est estimé* trois milliars.

SAVOIR:

| | PRODUIT *général de toutes les valeurs renaissantes des fruits du territoire.* | TIERS *consacré aux frais de la reproduction, exempt de toute imposition.* | TIERS *du revenu de la propriété, qui sera chargé des deux vingtiemes de l'impôt territorial.* | TIERS *consacré aux bénéfices de l'exploitateur, qui sera chargé des deux dixiemes de la taille réelle.* |
|---|---|---|---|---|
| | millions. | millions. | millions. | millions. |
| 36 Millions d'arpens en terres à blé, dont un tiers est tous les ans cultivé en froment ou seigle. Un tiers en menus grains, à l'usage de la culture. Un tiers reste en jachere. Ces 36 millions d'arpens, employés à la culture du blé, rapportent, année commune, 72 millions de setiers qui sont nécessaires à la subsistance de 24 millions d'habitans, à raison de trois setiers par individu, où l'on comprend la semence et tous les grains d'usage, dans l'économie rurale et dans les arts et métiers. Ces 72 millions de setiers, évalués, prix moyen, à 15# le setier, donnent en produit général | 1,080,000,000# | 360,000,000# | 360,000,000# | 360,000,000# |
| 8 Millions d'arpens en prés, en herbages et en pâturages, portés, l'un dans l'autre, à 90# de produit général | 720,000,000 | 240,000,000 | 240,000,000 | 240,000,000 |
| 3 Millions d'arpens en vignes, portés, l'un dans l'autre, à 180# de produit général | 540,000,000 | 180,000,000 | 180,000,000 | 180,000,000 |
| 24 Millions d'arpens en bois de haute futaie, dont l'exploitation par coupes réglées est de 400 mille arpens, portés, l'un dans l'autre, à 600# de produit général | 240,000,000 | 80,000,000 | 80,000,000 | 80,000,000 |
| 6 Millions d'arpens en bois taillis, exploités par coupes réglées, de 300 mille arpens, portés, l'un dans l'autre, à 60# de produit général | 18,000,000 | 6,000,000 | 6,000,000 | 6,000,000 |
| 44 Millions d'arpens en métairies cultivées en menus grains, en communes, coteaux et pâturages de toute espece, portés, l'un dans l'autre, à 9# de produit général | 396,000,000 | 132,000,000 | 132,000,000 | 132,000,000 |
| 16 Millions d'arpens en terres incultes, landes, halliers, marais, marécages, rivieres, étangs, chemins, parcs, jardins, châteaux, manoirs, églises, monasteres, montagnes et rochers, qui donnent un revenu quelconque, portés en produit général à | 6,000,000 | 2,000,000 | 2,000,000 | 2,000,000 |
| 3 Millions d'arpens en 1500 villes, rapportant en loyers un revenu de 300 millions qui, étant séparés du produit général de l'impôt territorial établi sur les biens ruraux, ne sont portés ici que pour . . . mémoire. | | | | |
| Arpens, 140 millions. TOTAL du produit général de tous les fruits du territoire, estimés en argent | 3,000,000,000# | 1,000,000,000# | 1,000,000,000# | 1,000,000,000# |
| à déduire { Le revenu général des biens du clergé, estimés. 360,000,000# / Le revenu général des provinces et pays d'États. 540,000,000# } | 900,000,000 | | | |
| Reste en produit général, pour les pays d'élection et pays conquis | deux milliars, 100 millions. | | | |
| qu'on a fixé dans l'évaluation du revenu de la propriété, sur lequel doit être assis l'impôt territorial à | | | 700 millions. | |
| Pour établir les deux vingtiemes de cet impôt à | | | 70 millions. | |
| Et les deux dixiemes de la taille réelle à | | | | 140 millions. |

*Nota.* Il faut toujours observer que le produit général de la culture est tout-à-fait distinct du revenu des propriétaires; qu'il est le produit de toutes les valeurs renaissantes du territoire, ou l'estimation commune et locale du prix courant en argent de tous les fruits de chaque récolte, soit en grains, prés, vignes et bois; que le revenu des propriétaires ne peut être que le tiers de ce produit; que les revenus publics sont le produit des impôts levés sur les propriétaires et les exploitateurs de la culture.

# CALCUL

Du produit de la subvention générale des 930 villes des provinces d'élection et des pays conquis, en y comprenant celle des 32 mille bourgs et villages, d'après leur recensement, ville par ville, et l'estimation du produit de leurs loyers.

| DIVISION DES VILLES en 20 classes. | | NOMBRE des maisons des villes. | TOTAL des maisons de chaque ville. | PRIX MOYEN des loyers de chaque ville. | TOTAL des loyers des villes. | QUARTS des loyers en subvention. |
|---|---|---|---|---|---|---|
| CLASSES. | VILLES. | MAISONS. | | LIVRES. | MILLIONS. | MILLIONS. |
| 1ere. | Paris et ses faubourgs | | 30,000 | à . . . 2400# | 72,000,000# | 18,000,000# |
| 2e. | Banlieue de Paris | | 1,000 | à . . . 1200 | 1,200,000 | 300,000 |
| 3e. | 10 villes | à . . . 6000 | 60,000 | à . . . 550 | 33,000,000 | 8,250,000 |
| 4e. | 10 | à . . . 5000 | 50,000 | à . . . 450 | 22,500,000 | 5,625,000 |
| 5e. | 10 du 1er. ordre. | à . . . 4000 | 40,000 | à . . . 400 | 16,000,000 | 4,000,000 |
| 6e. | 20 villes | à . . . 3000 | 60,000 | à . . . 350 | 21,000,000 | 5,250,000 |
| 7e. | 20 | à . . . 2500 | 50,000 | à . . . 300 | 15,000,000 | 3,750,000 |
| 8e. | 20 du 2e. ordre. | à . . . 2000 | 40,000 | à . . . 250 | 10,000,000 | 2,500,000 |
| 9e. | 30 villes | à . . . 1500 | 45,000 | à . . . 200 | 9,000,000 | 2,250,000 |
| 10e. | 30 | à . . . 1200 | 36,000 | à . . . 180 | 6,480,000 | 1,620,000 |
| 11e. | 30 du 3e. ordre. | à . . . 1000 | 30,000 | à . . . 160 | 4,800,000 | 1,200,000 |
| 12e. | 50 villes | à . . . 800 | 40,000 | à . . . 150 | 6,000,000 | 1,500,000 |
| 13e. | 50 | à . . . 600 | 30,000 | à . . . 140 | 4,200,000 | 1,050,000 |
| 14e. | 50 du 4e. ordre. | à . . . 500 | 25,000 | à . . . 130 | 3,250,000 | 812,500 |
| 15e. | 100 villes | à . . . 400 | 40,000 | à . . . 120 | 4,800,000 | 1,200,000 |
| 16e. | 100 | à . . . 350 | 35,000 | à . . . 110 | 3,850,000 | 962,500 |
| 17e. | 100 du 5e. ordre. | à . . . 300 | 30,000 | à . . . 100 | 3,000,000 | 750,000 |
| 18e. | 100 villes | à . . . 250 | 25,000 | à . . . 80 | 2,000,000 | 500,000 |
| 19e. | 100 | à . . . 200 | 20,000 | à . . . 60 | 1,200,000 | 300,000 |
| 20e. | 100 du 6e. ordre. | à . . . 150 | 15,000 | à . . . 48 | 720,000 | 180,000 |

| | | |
|---|---|---|
| Les 930 villes des pays d'élection et pays conquis, contenant environ 700 mille maisons, produisent . . . | 240 millions. | 60 millions. |
| Les 32 mille bourgs et villages des pays d'élection et pays conquis, sont estimés en valeur de loyers, portant sur les maisons des bourgeois, des artisans, des ouvriers, des journaliers, des manouvriers, environ . . . | 16 millions. | 4 millions. |
| TOTAL de la subvention des villes et des campagnes. . . . . . . | | 64 millions. |
| dont on retranche, par rapport aux non-valeurs des maisons vacantes, et des maisons qui seront habitées par les propriétaires . | | 4 millions. |
| RESTE donc un produit net de . . . . . . . | | 60 millions. |

*Nota.* La France contient 1360 villes, et 42 mille bourgs ou villages.
Le revenu des loyers des 930 villes des provinces d'élection et pays conquis monte à 240 millions, dont la subvention sera de 60 millions.
Le revenu des loyers des 430 villes des pays d'États monte à 60 millions.
Ainsi la subvention en quarts des loyers des pays d'États monterait à 15 millions, ce qui remplacerait et au-delà le produit actuel des droits sur leurs consommations, qui montent à 10 millions par an.

N°. 3.

# ETAT de ce que paye un propriétaire de 30,000# de rente, dont 20,000# en terres, et 10,000# en maisons ou en rentes, occupant un loyer de 3000# à Paris; le tout comparé entre le régime actuel des finances et le nouveau plan d'administration.

## SAVOIR:

### *REGIME ACTUEL.*

| | | |
|---|---|---|
| UN propriétaire de 20,000# de rente en fond de terre, ne paye gueres aujourd'hui, en deux vingtiemes et sous pour £ du premier vingtieme, que . . . . . . . . . . . . . 1100# } | | |
| Pour 10,000# de rente en maisons, il ne paye gueres aujourd'hui, en deux vingtiemes et sous pour £ du premier vingtieme, que . . . . . . . . . . . 600# } | 1700# | |
| En impôts sur les consommations, comprenant ce qu'il paye en droits d'aides, d'entrées, de tabac et de traites, estimés un sixieme de son revenu . . . . . . . . . . . . . . . . | 5000 | |
| En gabelles, trois minots de sel pour sa consommation annuelle, à 62# le minot, prix actuel à Paris . . . . . . . . . . . . | 186 | |
| En capitation et autres impositions locatives . . . . . . . . | 300 | |
| TOTAL des impôts actuels, par rapport à un propriétaire de 30,000# de rente, habitant Paris . . . . . . . . . . . . . | 7186# | |

### *REGIME NOUVEAU.*

| | | |
|---|---|---|
| UNE propriété de 20,000# de rente en fond de terre, devant être estimée par le cadastre à toute la valeur de son revenu actuel, elle sera cadastréee à 20,000#, dont les deux vingtiemes de l'impôt territorial seront fixés à . . . . . . . . . . . . . 2000# } | | |
| Une propriété de 10,000# de rente en maisons, portée à cette valeur, par estimation ou par les baux, payera en deux vingtiemes de l'impôt territorial . . . . . . . 1000# } | 3000# | |
| Le rachat des grandes gabelles sera de $4^s$ pour £ des 3000# des deux vingtiemes de l'impôt territorial, faisant . . . . . . . | 600 | |
| La subvention d'un loyer de 3000# qu'un pareil propriétaire doit occuper à Paris, sera de . . . . . . . . . . . . . . . | 750 | |
| Le rachat des grandes gabelles portera aussi de $4^s$ pour £ sur les 750# de la subvention, et sera de . . . . . . . . . | 150 | |
| Consommation annuelle de trois minots de sel marchand qui coûtera au plus à Paris 20# le minot, par la liberté de ce commerce | 60 | |
| TOTAL des nouveaux impôts, par rapport à un propriétaire de 30,000# de rente, habitant Paris . . . . . . . . . . . . . . | 4560# | |

### *COMPARAISON.*

| | |
|---|---|
| Impositions actuelles. . . . . . . . . . . . . . . | 7186# |
| Impositions nouvelles . . . . . . . . . . . . . . | 4560 |
| Bénéfice en faveur des propriétaires . . . . . . . | 2626# |

*Nota.* Par cet état de comparaison, il est évident que les propriétaires payeront moins, pendant que le Roi recevra plus: problême dont la solution se trouve dans la recette exacte des vingtiemes de l'impôt territorial, et des vingtiemes des immeubles en maisons; ce dont les contribuables seront bien dédommagés par la suppression des gabelles et de tous les impôts sur les consommations. Alors plus d'arbitraire dans la répartition, plus de subterfuge dans le payement des impôts, par les contre-lettres et les faux baux; plus de protection pour payer moins qu'on ne doit, au préjudice du trésor royal et des contribuables de bonne foi et sans appui.

# COMPARAISON DES IMPOSITIONS



*Que payent les fermages de la généralité de Paris, suivant un état envoyé au Ministere, en 1782, par M. l'Intendant, avec les impositions nouvelles.*

## SITUATION ACTUELLE.

**GRAND FERMAGE.** DANS les meilleurs cantons de la généralité de Paris, où l'impôt est dans la plus forte proportion, 120 arpens de terre de 100 perches, à 12 pieds, mesure de Paris, loués 3000#, à raison de 125# l'arpent, payent actuellement :

| | | |
|---|---|---|
| 1°. En taille principale, au taux de 3s 6d pour £ du prix du bail de 3000# | 525# | „s |
| 2°. En impositions accessoires, à 10s pour £ de la taille | 262 | 10 |
| 3°. En capitation, à 12s pour £ de la taille | 315 | „ |
| 4°. En industrie ou taille personnelle, fixée au dixieme du principal de la taille | 52 | 10 |
| 5°. En gabelles, deux minots et demi de sel, à 62# le minot | 155 | „ |
| 6°. En droits d'aides pris en vignobles, pour six muids de vin de consommation, à raison de 5# par muid | 30 | „ |
| Total des impôts actuels | 1340# | „s |

**MOYEN FERMAGE.** UNE ferme de 600 arpens, loués 5# où 3000# paye actuellement :

| | | |
|---|---|---|
| 1°. En taille principale, au taux du sou pour £ du prix du bail de 3000# | 150# | „s |
| 2°. En accessoires de la taille | 75 | „ |
| 3°. En capitation | 90 | „ |
| 4°. En taille personnelle | 31 | 10 |
| 5°. En gabelles, 5 minots de sel, à 62# le minot | 310 | „ |
| 6°. En droits d'aides pris en vignobles, pour 30 muids de vin de consommation, à raison de 5# par muid | 150 | „ |
| Total des impôts actuels | 806# | 10s |

**PETIT FERMAGE.** UNE ferme de 120 arpens, loués 50s où 300# paye actuellement :

| | | |
|---|---|---|
| 1°. En taille principale, au taux de 6d pour £ du prix du bail de 300# | 7# | 10s |
| 2°. En accessoires de la taille | 3 | 15 |
| 3°. En capitation | 4 | „ |
| 4°. En taille personnelle | 1 | 10 |
| 5°. En gabelles, un minot et demi de sel, à 62# le minot | 93 | „ |
| 6°. En droits d'aides pris en vignobles, pour six muids de vin de consommation, à raison de 5# par muid | 30 | „ |
| Total des impôts actuels | 139# | 15s |

*Nota.* La différence des bénéfices de ces différentes fermes, prouve combien l'imposition actuelle est arbitraire, et que les gros fermages ne sont pas portés dans les baux à leur vraie valeur ; inconvénient auquel le cadastre obviera, par une estimation juste et proportionnelle de tous les biens-fonds.

## SITUATION NOUVELLE.

**GRAND FERMAGE.** CETTE même ferme de 120 arpens, de 3000# de fermage, payera :

| | | | |
|---|---|---|---|
| 1°. Deux dixiemes en taille réelle, sur les 3000# du bail actuel | 600# | 800# | „s |
| 2°. Plus, un tiers à porter en augmentation du bail actuel, par la répartition du cadastre, au profit de la taille réelle | 200 | | |
| 3°. En rachat des grandes gabelles, 4s pour £ des 800# du montant de la taille réelle | | 160 | „ |
| 4°. Deux minots et demi de sel marchand, à 10# au plus dans les campagnes | | 25 | „ |
| Total des nouveaux impôts | | 985# | „s |

| Comparaison. | |
|---|---|
| Impôts actuels | 1340# |
| Impôts nouveaux | 985 |
| Bénéfice au profit du fermier | 355# |

**MOYEN FERMAGE.** CETTE même ferme de 600 arpens et de 3000# de fermage, payera :

| | | | |
|---|---|---|---|
| 1°. Deux dixiemes en taille réelle, sur les 3000# du bail actuel | 600# | 800# | „s |
| 2°. Plus, un tiers à porter en augmentation du bail actuel, par la répartition du cadastre, au profit de la taille réelle | 200 | | |
| 3°. En rachat des grandes gabelles, 4s pour £ des 800# du montant de la taille réelle | | 160 | „ |
| 4°. Cinq minots de sel de consommation, à 10# au plus | | 50 | „ |
| Total des nouveaux impôts | | 1010# | „s |

| Comparaison. | |
|---|---|
| Impôts nouveaux | 1010# |
| Impôts actuels | 806 |
| Bénéfice au profit de l'impôt territorial | 204# |

**PETIT FERMAGE.** CETTE même ferme de 120 arpens, de 300# de fermage, payera :

| | | | |
|---|---|---|---|
| 1°. Deux dixiemes en taille réelle, sur les 300# du bail actuel | 60# | 80# | „s |
| 2°. Plus, un tiers à porter en augmentation du bail actuel, par la répartition du cadastre, au profit de la taille réelle | 20 | | |
| 3°. En rachat des grandes gabelles, 4s pour £ des 80# du montant de la taille réelle | | 16 | „ |
| 4°. Un minot et demi de sel de consommation, à 10# au plus | | 15 | „ |
| Total des impôts nouveaux | | 111# | „s |

| Comparaison. | | |
|---|---|---|
| Impôts actuels | 139# | 15s |
| Impôts nouveaux | 111 | „ |
| Bénéfice au profit du fermier | 28# | 15s |

# ETAT DE PLUSIEURS FERMAGES

## SITUÉS DANS LA GÉNÉRALITÉ DE ROUEN, ÉLECTION DE LYON, COMPARÉS AVEC LES NOUVELLES IMPOSITIONS.

| NOMS DES FERMAGES. | PRIX du bail actuel des fermages. | IMPOSITIONS ACTUELLES. | ESTIMATION DES FERMAGES, par l'opération du cadastre. | IMPOSITIONS NOUVELLES. | BÉNÉFICE. |
|---|---|---|---|---|---|
| GAILLARBOIS. | 2400# | Taille.<br>Capitation . . . . . . . . . . . 511#<br>Quartier d'hiver.<br>1 minot de sel, à 62#. . . . . . 62<br>Corvées . . . . . . . . . . . . . 136<br>20 muids de cidre de consommation, à raison de 3# de droits d'aides. . 60<br>Total . . . . . . . . . . 769# | Fermage actuel . . . . . . . . . 2400#<br>Plus, un tiers à porter en augmentation du revenu actuel de cette ferme, par la répartition du cadastre. . . 800<br>Total du produit effectif de cette ferme, au profit de la taille réelle. . 3200# | En taille réelle, deux dixiemes sur les 3200# de l'estimation de cette ferme, par le cadastre . . . . . . . . 640#<br>4 sous pour £ des 640# du montant de la taille réelle, pour le rachat des grandes gabelles . . . . . . 128<br>1 minot de sel marchand, de consommation, à 10# au plus dans les campagnes . . . . . . . . . . 10<br>Total . . . . . . . . . . 778# | Impositions nouvelles. . 778#<br>Impositions actuelles . . 769<br>Bénéfice au profit de la taille réelle . . . . 9# |
| ROSAY. | 1800# | Taille.<br>Capitation. . . . . . . . . . . 380#<br>Quartier d'hiver.<br>Corvées . . . . . . . . . . . . 70<br>1 minot de sel, à 62#. . . . . . 62<br>10 muids de cidre de consommation, à raison de 3# de droits d'aides. . 30<br>Total . . . . . . . . . . 542# | Fermage actuel . . . . . . . . . 1800#<br>Plus, un tiers à porter en augmentation du revenu actuel de cette ferme, par la répartition du cadastre. . . 600<br>Total du produit effectif de cette ferme, au profit de la taille réelle. . 2400# | En taille réelle, deux dixiemes sur les 2400# de l'estimation de cette ferme, par le cadastre. . . . . . . . 480#<br>4 sous pour £ des 480# du montant de la taille réelle, pour le rachat des grandes gabelles . . . . . . 96<br>1 minot de sel, à 10#. . . . . . 10<br>Total . . . . . . . . . . 586# | Impositions nouvelles. . 586#<br>Impositions actuelles. . 542<br>Bénéfice au profit de la taille réelle. . . . . 44# |
| DUCHESNE-VARIN. | 1500# | Taille.<br>Capitation . . . . . . . . . . . 350#<br>Quartier d'hiver.<br>Corvées . . . . . . . . . . . . 36<br>1 minot de sel, à 62#. . . . . . 62<br>8 muids de cidre de consommation, à raison de 3# de droits d'aides . . 24<br>Total . . . . . . . . . . 472# | Fermage actuel . . . . . . . . . 1500#<br>Plus, un tiers à porter en augmentation du revenu actuel de cette ferme, par la répartition du cadastre. . . 500<br>Total du produit effectif de cette ferme, au profit de la taille réelle. . 2000# | En taille réelle, deux dixiemes sur les 2000# de l'estimation de cette ferme, par le cadastre . . . . . . . . 400#<br>4 sous pour £ des 400# du montant de la taille réelle, pour le rachat des grandes gabelles. . . . . . . . 80<br>1 minot de sel, à 10# . . . . . . 10<br>Total . . . . . . . . . . 490# | Impositions nouvelles. . 490#<br>Impositions actuelles. . 472<br>Bénéfice au profit de la taille réelle . . . . 18# |
| DU ROULE. | 600# | Taille.<br>Capitation . . . . . . . . . . . 120#<br>Quartier d'hiver.<br>Corvées . . . . . . . . . . . . 20<br>1 minot de sel, à 62#. . . . . . 62<br>6 muids de cidre de consommation, à raison de 3# de droits d'aides. . . 18<br>Total . . . . . . . . . . 220# | Fermage actuel . . . . . . . . . 600#<br>Plus, un tiers à porter en augmentation du revenu actuel de cette ferme, par la répartition du cadastre. . . 200<br>Total du produit effectif de cette ferme, au profit de la taille réelle. . 800# | En taille réelle, deux dixiemes sur les 800# de l'estimation de cette ferme, par le cadastre. . . . . . . . 160#<br>4 sous pour £ des 160# du montant de la taille réelle, pour le rachat des grandes gabelles . . . . . . . 32<br>1 minot de sel, à 10#. . . . . . 10<br>Total . . . . . . . . . . 202# | Impositions actuelles. . 220#<br>Impositions nouvelles . 202<br>Bénéfice au profit du fermier. . . . . . . 18# |

*Nota.* Par cette opération, on dégage les campagnes de tous les frais que leur coûte la perception des aides, des gabelles et des traites; et l'on rend au cultivateur la liberté de consommer à bas prix tout le sel dont il peut avoir besoin pour sa culture et pour ses bestiaux. Ainsi, plus de gabelles, plus d'aides, plus de taille personnelle, plus de capitation, plus de corvées: elles seront faites à l'avenir à prix d'argent, sur des fonds assignés à cet objet, sur les impôts de chaque province.

# ETAT DES IMPOSITIONS

## DE QUELQUES FERMAGES EN CHAMPAGNE, ÉLECTION DE RÉTHEL ET DE Ste.-MENÉHOULD, COMPARÉS AVEC LES IMPOSITIONS NOUVELLES.

| NOMS DES FERMAGES. | PRIX du bail actuel des fermages. | IMPOSITIONS ACTUELLES. | ESTIMATION DES FERMAGES, par l'opération du cadastre. | IMPOSITIONS NOUVELLES. | BÉNÉFICE. |
|---|---|---|---|---|---|
| VARNICOURT. | 2100# | Taille et impositions accessoires. . . 360#<br>Corvées . . . . . . . . . . . . 100<br>2 minots de sel, à 32#. . . . . . 64<br>En droits d'aides, pris en vignobles, pour 12 muids de vin de consommation, à raison de 5# par muid . . 60<br>Total . . . . . . . . . . . 584# | Fermage actuel . . . . . . . . . 2100#<br>Plus, un tiers à porter en augmentation du revenu actuel de cette ferme, par la répartition du cadastre. . . 700<br>Total du produit effectif de cette ferme, au profit de la taille réelle. . 2800# | En taille réelle, deux dixiemes sur les 2800# de l'estimation de cette ferme, par le cadastre . . . . . . . . 560#<br>3 sous pour £ des 560# du montant de la taille réelle, pour le rachat des petites gabelles . . . . . . 84<br>2 minots de sel marchand, de consommation, à 10# au plus dans les campagnes . . . . . . . . . 20<br>Total . . . . . . . . . . 664# | Impositions nouvelles. . 664#<br>Impositions actuelles . . 584<br>Bénéfice au profit de l'impôt territorial . . 80# |
| GRAND-PRÉ. | 1200# | Taille et impositions accessoires . . . 290#<br>Corvées . . . . . . . . . . . . 72<br>1 minot de sel, à 32#. . . . . . 32<br>10 muids de vin, à 5# par muid, pour les droits d'aides, pris en vignobles . . . . . . . . . . 50<br>Total . . . . . . . . . . . 444# | Fermage actuel . . . . . . . . . 1200#<br>Plus, un tiers à porter en augmentation du revenu actuel de cette ferme, par la répartition du cadastre. . . 400<br>Total du produit effectif de cette ferme, au profit de la taille réelle. . 1600# | En taille réelle, deux dixiemes sur les 1600# de l'estimation de cette ferme, par le cadastre. . . . . . . . 320#<br>3 sous pour £ des 320# du montant de la taille réelle, pour le rachat des petites gabelles . . . . . . 48<br>1 minot de sel, à 10#. . . . . . 10<br>Total . . . . . . . . . . . 378# | Impositions actuelles. . 444#<br>Impositions nouvelles. . 378<br>Bénéfice au profit du fermier. . . . . . 66# |
| SEPT-FONTAINES. | 900# | Taille et impositions accessoires. . . 160#<br>Corvées . . . . . . . . . . . . 36<br>1 minot de sel, à 62# . . . . . . 62<br>6 muids de vin, à 5# par muid, pour les droits d'aides, pris en vignobles. . . . . . . . . . 30<br>Total . . . . . . . . . . . 288# | Fermage actuel . . . . . . . . . 900#<br>Plus, un tiers à porter en augmentation du revenu actuel de cette ferme, par la répartition du cadastre. . . 300<br>Total du produit effectif de cette ferme, au profit de la taille réelle. . 1200# | En taille réelle, deux dixiemes sur les 1200# de l'estimation de cette ferme, par le cadastre . . . . . . . . 240#<br>4 sous pour £ des 240# du montant de la taille réelle, pour le rachat des grandes gabelles. . . . . . . 48<br>1 minot de sel, à 10# . . . . . . 10<br>Total . . . . . . . . . . . 298# | Impositions nouvelles. . 298#<br>Impositions actuelles. . 288<br>Bénéfice au profit de la taille réelle . . . . 10# |
| FAGNON. | 300# | Taille et impositions accessoires. . . 70# ,,s<br>Corvées . . . . . . . . . . . . 15 10<br>Demi minot de sel, à 62#. . . . . 31 ,,<br>4 muids de vin, à 5# par muid, pour les droits d'aides, pris en vignobles. . . . . . . . . . 20 ,,<br>Total . . . . . . . . . . . 136# 10 | Fermage actuel . . . . . . . . . 300#<br>Plus, un tiers à porter en augmentation du revenu actuel de cette ferme, par la répartition du cadastre. . . 100<br>Total du produit effectif de cette ferme, au profit de la taille réelle. . 400# | En taille réelle, deux dixiemes sur les 400# de l'estimation de cette ferme, par le cadastre. . . . . . . . 80#<br>4 sous pour £ des 80# du montant de la taille réelle, pour le rachat des grandes gabelles . . . . . . . 16<br>Demi minot de sel, à 10# . . . . 5<br>Total . . . . . . . . . . . 101# | Impositions actuelles. 136# 10s<br>Impositions nouvelles 101 ,,<br>Bénéfice au profit du fermier. . . . . . . 35# 10 |

*Nota.* Si on porte le prix du sel marchand dans l'état des nouvelles impositions, c'est qu'on doit remplacer, dans la dépense du consommateur, le sel qui lui est fourni aujourd'hui par l'impôt des gabelles.

N°. 7.

# COMPARAISON

DU prix actuel des principaux objets de consommation de la ville de Paris, avec le prix où ils seront, lors de l'établissement de la subvention générale des villes.

*Comme c'est de la classe indigente que l'on doit s'occuper principalement, on va démontrer d'abord, par un calcul relatif à cette classe, le bénéfice qu'elle trouvera dans le nouveau régime : nous présenterons ensuite le bénéfice qu'y trouveront toutes les autres classes de la société, en observant d'avance que ceux qui ne seront point assujettis à l'achat en détail de leurs comestibles, y gagneront davantage, toutes proportions gardées d'ailleurs.*

DÉPENSE annuelle d'un ménage comprenant un feu de cinq personnes, le pere, la mere et trois enfans, ayant à Paris un loyer de 300#.

### *SITUATION ACTUELLE.*

| | | |
|---|---|---|
| EN capitation et taxe d'industrie. | 45# | ,,$^{s}$ |
| Un minot de sel de consommation par an, à | 62 | ,, |
| L'artisan se nourrissant surtout de légumes et de fruits, on ne comptera ici que six livres de viande inférieure, par semaine, sur le pied de 10$^{s}$, ce qui fait par an. | 156 | ,, |
| Un ménage composé d'un feu ou de cinq personnes, doit consommer au moins, l'un dans l'autre, trois chopines de vin par jour. On n'en compte ici qu'une bouteille de pinte, qui, à 10$^{s}$ au plus bas prix, fait par an | 182 | ,, |
| Il doit consommer, tant en bois qu'en charbon, à peu-près la valeur de deux voies de bois, qui coûtent 24# la voie, ce qui fait par an | 48 | ,, |
| En droits sur l'huile, sur le beurre et sur les suifs, dont un pareil ménage fait sa consommation usuelle, estimés | 50 | ,, |
| TOTAL | 543# | ,,$^{s}$ |

### *SITUATION NOUVELLE.*

| | | |
|---|---|---|
| QUART d'un loyer de 300# en subvention. | 75# | ,,$^{s}$ |
| 4$^{s}$ pour £ de cette subvention, en remplacement des grandes gabelles | 15 | ,, |
| Un minot de sel qui, par la liberté de ce commerce, coûtera, au plus, 20# même dans la ville de Paris | 20 | ,, |
| La belle viande sera taxée à 10$^{s}$ la livre au plus, par conséquent la moyenne ne coûtera plus que 8$^{s}$ au peuple qui n'achete que les morceaux inférieurs, ce qui pour six livres de viande par semaine, à 8$^{s}$ la livre fera par an | 124 | 16$^{s}$ |
| Le vin, par la suppression des droits d'aides, pourrait descendre à Paris au prix des guinguettes, à 4 et 5$^{s}$ la bouteille ; mais on le portera ici à 6$^{s}$, ce qui fait pour 365 bouteilles de consommation, par an | 109 | ,, |
| Le bois et le charbon, pris l'un dans l'autre, diminueront de 7# d'impôt que paye aujourd'hui chaque voie, ce qui ne fera plus que 34# d'achat pour les deux voies | 34 | ,, |
| ☞ Capitation, droits d'aides, d'entrées, de gabelles, de traites, et tous les droits sur les bois, supprimés. | | |
| TOTAL | 377# | 16$^{s}$ |

### *COMPARAISON.*

| | | |
|---|---|---|
| Dépense annuelle, sous le régime actuel | 543# | ,,$^{s}$ |
| Dépense annuelle, sous le nouveau régime | 377 | 16$^{s}$ |
| Différence et bénéfice au profit du consommateur | 165# | 4$^{s}$ |

Partant, il résulte que le nouveau régime des finances économisera à ce ménage une somme de 165# 4s par an, sur les seuls objets de ses comestibles de premiere nécessité.

Si l'on comprend l'augmentation dont il pourra jouir dans sa consommation à venir, ensuite les étoffes, les laines, les toiles, les bonneteries, les chapeaux, les cuirs, et tout ce dont il est obligé d'user pour la nécessité de son vêtement, on verra que tous ces objets venant à diminuer par le rabais des denrées, et par la suppression des traites et de tous les impôts sur les manufactures, le bénéfice doublera au profit de la classe indigente.

# EFFET DE LA SUBVENTION GENERALE,

RELATIVEMENT à un rentier de 12,000#, tenant à Paris un loyer de 1200#

*SITUATION ACTUELLE.*

| | |
|---|---|
| CAPITATION et autres impositions locatives . . . . . . | 100# |
| Un minot de sel par an, à 62#. . . . . . . . . . . . . | 62 |
| Soixante livres de viande par semaine, à 12s la livre, font par an . . . . . . . . . . . . . . . . . . . . . | 1872 |
| Droit d'aides pour la consommation de quatre pieces de vin, à 45# chaque piece . . . . . . . . . . . . . . . . | 180 |
| Droit de 14# par corde de bois, dont la consommation portée à 12 cordes par an, fait . . . . . . . . . . . . . . | 168 |
| En droits sur l'huile, sur le beurre et sur les suifs, en consommation annuelle, estimés. . . . . . . . . . . . . . | 360 |
| TOTAL. . . . . . . . . . . . . . . . . . . | 2742# |

*SITUATION NOUVELLE.*

| | |
|---|---|
| QUART d'un loyer de 1200# en subvention. . . . . . . | 300# |
| 4s pour £ de cette subvention, en remplacement des grandes gabelles . . . . . . . . . . . . . . . . . . . . . | 60 |
| Un minot et demi de sel qui, par la liberté de ce commerce, se vendra à Paris au plus 20# le minot . . . . . . . . . | 30 |
| Soixante livres de viande par semaine, dont le prix sera fixé à 10s la livre par la suppression des entrées, ce qui fera par an. . | 1560 |
| ☞ Capitation, droits d'aides, d'entrées, de gabelles, de traites, et tous les droits sur le bois supprimés. | |
| TOTAL. . . . . . . . . . . . . . . . . . . | 1950# |

*COMPARAISON.*

| | |
|---|---|
| Dépense annuelle sous le régime actuel. . . . . | 2742# |
| Dépense annuelle sous le nouveau régime . . . . | 1950 |
| Différence et bénéfice au profit du consommateur . . | 792# |

*Nota.* Le bénéfice de l'impôt de subvention sera donc, pour un rentier de 12,000# de rente, occupant un loyer de 1200#, sur les seuls objets de sa subsistance nécessaire, de 792#, sans compter le gain qu'il fera sur toutes les autres denrées de luxe, et sur les marchandises employées à son habillement et à son ameublement.

No. 9.

# EFFET DE LA SUBVENTION GENERALE,

RELATIVEMENT à un rentier de 120,000#, tenant à Paris un loyer de 12,000#.

*SITUATION ACTUELLE.*

| | |
|---|---|
| CAPITATION et autres impositions locatives | 1500# |
| 6 minots de sel par an, à 62# | 372 |
| 300 livres de viande par semaine, à 12s la livre, font par an | 9360 |
| Droit d'aides pour la consommation de 18 pieces de vin, à 45# chaque piece | 810 |
| Droit de 14# par corde de bois, dont la consommation portée à 120 cordes par an, fait | 1680 |
| En droits sur l'huile, sur le beurre et sur les suifs, en consommation annuelle, estimés | 1600 |
| TOTAL | 15,322# |

*SITUATION NOUVELLE.*

| | |
|---|---|
| QUART d'un loyer de 12,000# en subvention | 3000# |
| 4s pour £ de cette subvention, en remplacement des grandes gabelles | 600 |
| 10 minots de sel qui, par la liberté de ce commerce, se vendra à Paris, au plus 20# le minot | 200 |
| 300 livres de viande par semaine, dont le prix sera fixé à 10s la livre, par la suppression des entrées, ce qui fera par an | 7800 |
| ☞ Capitation, droits d'aides, d'entrées, de gabelles, de traites, et tous les droits sur le bois, supprimés. | |
| TOTAL | 11,600# |

*COMPARAISON.*

| | |
|---|---|
| Dépense annuelle sous le régime actuel | 15,322# |
| Dépense annuelle sous le nouveau régime | 11,600 |
| Différence et bénéfice au profit du consommateur | 3722# |

*Nota.* Par l'effet de l'impôt de la subvention générale sur les trois classes, indigente, moyenne et riche, il est facile de juger des bénéfices graduels et proportionnels des classes intermédiaires et au-dessus. Toutes les autres villes du Royaume participeront de même à ces profits, en raison de la suppression des gabelles, de la taille personnelle, de la capitation des taxes sur l'industrie, et de la diminution des denrées dans chaque province.

# MANIERE
## D'ÉTABLIR
## LE CADASTRE DES TERRES,
## POUR
## DÉTERMINER JUSTEMENT
## L'IMPOT TERRITORIAL.

# ESTIMATION

## DES

## TERRES.

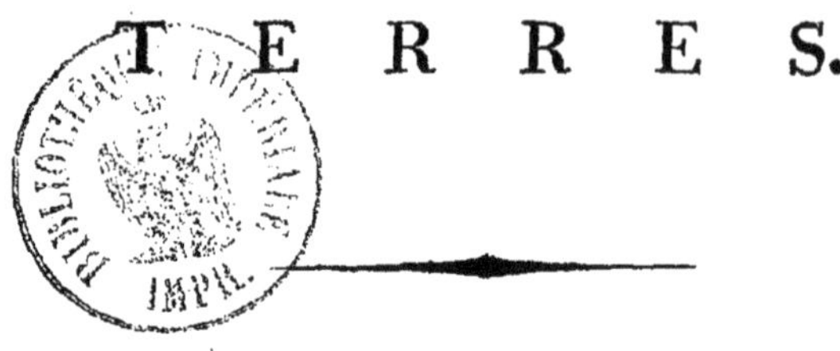

### TERRES labourables.

Un arpent en terres labourables sera estimé sur la totalité de son produit général, année commune.

C'est-à-dire que si les experts estiment la production de l'arpent à 180 gerbes de blé, valant couramment sur les lieux 10s la gerbe, la valeur du produit général de l'arpent sera fixée à 90#, dont un tiers appartiendra, sans impositions quelconques, aux frais de la reproduction ; l'autre tiers formera le revenu du propriétaire, et le dernier tiers restera au profit de l'exploitateur.

Chaque tiers étant de 30#, les deux vingtiemes de l'impôt territorial, que supportera le revenu du propriétaire, seront de 3#; et les deux dixiemes de la taille réelle, que payera la portion de l'exploitateur, seront de 6#; de sorte que le total de l'impôt territorial, sur un arpent en blé estimé 180# de produit

M 2

général, sera de 9#, tant pour l'imposition du propriétaire, que pour l'imposition du fermier ou de l'exploitateur, indépendamment des sous pour £ du rachat des gabelles.

## TERRES *à vignes.*

Un arpent de vignes sera estimé sur la totalité de son produit général, année commune.

C'est-à-dire que si les experts estiment la production de l'arpent de vignes à huit muids de vin, valant couramment sur les lieux de 20 à 25# le muid, la valeur du produit général de l'arpent sera fixée à 180#, dont un tiers appartiendra, sans impositions, aux frais de la reproduction; l'autre tiers formera le revenu du propriétaire, et le dernier tiers restera au profit de l'exploitateur.

Chaque tiers étant de 60#, les deux vingtiemes de l'impôt territorial, que supportera le revenu du propriétaire, seront de 6#, et les deux dixiemes de l'impôt de la taille réelle, que payera la portion du vigneron, seront de 12#, tant pour l'imposition du propriétaire, que pour l'imposition de l'exploitateur; de sorte que le total de l'impôt territorial, sur un arpent de vignes estimé 180# de produit général, sera de 18#, non compris les sous pour £ du rachat des gabelles.

### TERRES à prés.

Un arpent de prés sera estimé sur la totalité de son produit général, année commune.

C'est-à-dire que si les experts estiment la production de l'arpent à 300 bottes de fourrage, valant couramment sur les lieux 8s la botte, la valeur du produit général de l'arpent sera fixée à 120#, dont un tiers appartiendra, sans impositions, aux frais de la reproduction; l'autre tiers formera le revenu du propriétaire, et le dernier tiers restera au profit du fermier ou de l'exploitateur.

Chaque tiers étant de 40#, les deux vingtiemes de l'impôt territorial, que payera le revenu du propriétaire, seront de 4#; et les deux dixiemes de l'impôt de la taille réelle, que payera la portion du fermier, seront de 8#; de sorte que le total de l'impôt territorial, sur un arpent de prés estimé 120# de produit général, sera de 12#, tant pour l'imposition du propriétaire, que pour l'imposition de l'exploitateur, non compris les sous pour £ du rachat des gabelles.

### TERRES à bois.

Un arpent de terres en bois de haute futaie ou taillis sera estimé sur le pied du produit total et effectif de ses ventes en coupes réglées.

C'est-à-dire que s'il y a par an cent arpens de haute futaie en coupes réglées, dont la vente soit estimée 600# l'arpent; comme les frais de plantage et d'exploitation en sont très-considérables, ils suivront la

## RÉSUMÉ *de l'estimation de la valeur des capitaux, et du revenu général de tous les biens-fonds en terres, et des immeubles de toutes les maisons des villes du Royaume, d'après les calculs les plus certains.*

| | CAPITAL de la valeur de tous les biens-fonds et immeubles du Royaume. | REVENU général de tous les biens-fonds et immeubles du Royaume. | PRODUIT effectif de la subvention générale sur les maisons des pays d'élection et des pays conquis. | RÉDUCTION de la subvention générale, par rapport aux non-valeurs. |
|---|---|---|---|---|
| Les fonds de terre du Royaume sont estimés . . . . . . . . . . | 60,000,000,000# | | | |
| dont le revenu général, au denier vingt, est de . . . . . . . . . . | . . . . . . | 3,000,000,000# | | |
| Les immeubles en maisons sont estimés le cinquieme de la valeur de tous les fonds de terre | | | | |
| Capital . . . . . . . . . . . . . . . . . . . . . . . . . . | 12,000,000,000 | | | |
| Revenu général . . . . . . . . . . . . . . . . . . . . . . . | . . . . . . | 600,000,000 | | |
| dont il faut déduire 200 millions pour l'estimation du revenu des bâtimens publics et ruraux; 100 millions pour la portion du revenu de la bâtisse des immeubles des pays d'États. | | | | |
| Reste en revenu général 300 *millions*, qui sont le revenu effectif de tous les immeubles des provinces d'élection et des pays conquis, et dont le quart, pour la subvention générale, doit être de . . . . . . . . | . . . . . . | . . . . . . | 75,000,000 | |
| qu'on n'a portée qu'à . . . . . . . . . . . . . . . . . . . . | . . . . . . | . . . . . . | . . . . . . | 60,000,000# |
| TOTAL. . . . . . . . . . . . . . . . . . . . . . . . . | 72,000,000,000# | 3,600,000,000# | 75,000,000# | 60,000,000# |

## OBSERVATIONS

### *Sur la subvention générale de la ville de Paris.*

| | CAPITAL effectif. | REVENU général. | PRODUIT effectif de la subvention générale. | RÉDUCTION de la subvention générale, par rapport aux non-valeurs. |
|---|---|---|---|---|
| La bâtisse de Paris est estimée . . . . . . . . . . . . . . . | 3,000,000,000# | | | |
| dont 1 milliar doit être ôté pour la valeur des monumens et bâtimens publics. | | | | |
| Reste en capital 2 *milliars*, dont le revenu général est de . . . . . | . . . . . . | 100,000,000# | | |
| et la subvention générale, de . . . . . . . . . . . . . . . . | . . . . . . | . . . . . . | 25,000,000# | |
| qu'on n'a portée qu'à . . . . . . . . . . . . . . . . . . . . | . . . . . . | . . . . . . | . . . . . . | 18,000,000# |

# CINQUIEME PARTIE.

**LOI**

# LOIS

## ROJETÉES ET COMBINÉES AVEC L'EXÉCUTION

## DES

# NOUVELLES OPERATIONS.



N

# EDIT DU ROI,

## PORTANT

*ÉTABLISSEMENT d'une nouvelle administration des finances.*

Donné à Versailles au mois d.......... 178...

*Registré en Parlement, le ................ audit an.*

LOUIS, PAR LA GRACE DE DIEU, ROI DE FRANCE ET DE NAVARRE : à tous présens et à venir; SALUT.

L'état où nous avons trouvé les finances de notre Royaume, nous a particulierement occupés depuis notre avénement à la Couronne. Notre attention s'est portée principalement sur cette partie essentielle de l'administration, que nous considérons comme la base, le fondement de toute prospérité publique; mais les efforts de ceux à qui cet objet a été successivement confié, n'ayant pu répondre aux vues bienfaisantes dont nous sommes animés, notre amour pour nos peuples nous a déterminés à consulter les différens ordres de l'État, pour avoir leur avis sur les moyens les plus efficaces de remédier aux abus qui se sont introduits, par la succession des temps, dans l'administration des finances.

Après avoir approfondi tous les résultats que le zele et le génie de nos sujets se sont empressés de nous présenter, nous voyons avec douleur que les efforts de la nation, toujours déterminés par des circonstances impérieuses, n'ont offert jusqu'à ce jour que des remedes palliatifs, et le corps politique reste en langueur. Enfin, nous avons reconnu que le vice essentiel de nos finances avait trois causes principales.

1°. L'impôt ne porte point sur ses véritables bases.

2°. La répartition n'en est pas exacte, et, dans certaines parties, elle est arbitraire.

3°. La perception en est si compliquée et si onéreuse, que le cinquieme des revenus de l'État ne suffit pas aux frais qu'elle entraîne.

Cet examen nous a démontré que la base principale de l'impôt est le territoire, dont les valeurs renaissantes peuvent seules le reproduire. Sous quelque forme que l'impôt paraisse, le territoire seul le supporte; et lorsque l'impôt se déguise, il opere infailliblement la surcharge des peuples, en compliquant la perception.

Mais la même surcharge résulterait d'un impôt qui serait perçu sur tous les fruits des valeurs renaissantes du territoire, puisqu'une partie de ces valeurs doit être rendue à la terre, pour assurer sa reproduction. Cette partie, que nous évaluons à un tiers du produit général, doit être franche de toute imposition: sa destination la consacre.

C'est donc sur les deux tiers du produit général du territoire, dont la moitié appartient à la propriété, et la moitié à l'exploitation, que l'impôt doit être assis.

Ces grandes vérités, une fois établies et bien connues, l'inégalité et l'arbitraire dans la répartition de l'impôt doivent disparaître ; la perception doit être douce et facile par sa simplicité ; l'industrie, livrée à ses espérances, n'aura plus de sur-taxe à craindre. Les métamorphoses de l'impôt ainsi dévoilées et proscrites, les peuples, libres dans leurs travaux comme dans leurs jouissances, seront dégagés des entraves des prohibitions ; les douanes et les traites, reléguées sur le rivage des mers où elles sont nécessaires, n'infecteront plus l'intérieur : les gardes et les barrieres disparaîtront ; la franchise régnera d'une extrêmité du Royaume à l'autre.

La connaissance du revenu territorial ne dépendant plus de l'incertitude des déclarations des contribuables, et l'arbitraire étant détruit dans la répartition des tailles, il en résultera, pour notre État, une augmentation de revenus considérable, qui fera le bien de nos provinces, par le soulagement qu'elles en éprouveront. Les prérogatives et les franchises qui tiennent à la propriété de nos sujets, n'en souffriront aucune atteinte ; et nos peuples trouveront, dans l'égalité de leurs contributions, de nouvelles ressources pour augmenter les fruits de leur culture et de leur industrie, qu'ils pourront à l'avenir mettre à découvert, sans craindre aucune augmentation d'impôt.

Ces principes ignorés ou négligés sous les regnes précédens, et les besoins de l'État renaissant sans cesse, on a vu les impôts se multiplier sur la propriété de nos sujets, sous toutes sortes de formes et de dénominations. La voie des emprunts, tolérable lorsqu'elle assigne des remboursemens fixes et certains, a été portée à un excès qui rendrait bientôt ces remboursemens impossibles. Les ressources mêmes de la France lui sont devenues funestes, par l'abus qui en a été fait dans tous les genres; et cet abus n'eut jamais d'autre principe que les vices de l'assiette et de la répartition de l'impôt. En suivant la même route, on tendrait visiblement à la ruine de l'État.

Frappés de tous ces inconvéniens, nous avons cru ne pouvoir assurer plus efficacement le bonheur de nos peuples, qu'en adoptant un nouveau plan d'administration des finances, qui tendît d'une maniere sensible et évidente à diminuer les impôts, qui ouvrît une voie certaine à l'acquittement des dettes, et qui offrît en même temps les ressources nécessaires pour soutenir avec éclat, dans tous les événemens, la dignité de notre Couronne.

Ce plan profondément médité, considéré sous toutes ses faces, sous tous ses points de vue, dans tous ses rapports, nous l'avons adopté dans son ensemble, par l'assurance qu'il nous donne de libérer en peu d'années les dettes de l'État, de fonder les principes d'un crédit public inébranlable, et d'opérer la suppression des impôts qui sont les plus onéreux à nos peuples, du poids desquels nous sommes depuis long-temps affligés comme eux.

A CES CAUSES.......................... Voulons et nous plaît ce qui suit :

ARTICLE PREMIER.

EN changeant la forme de l'administration des finances de notre Royaume, nous confirmons en tant que de besoin, et en tout ce qui ne sera pas contraire au présent édit, les droits et priviléges du clergé, de la noblesse et du tiers-état; ceux de nos provinces régies en pays d'États, ainsi que ceux dont jouissent quelques villes de notre obéissance.

II.

LE *clergé* de France et le *clergé* des provinces réputées étrangeres ne formeront plus qu'un seul et même corps, pour adopter la même administration, qui sera toujours dirigée par leur assemblée générale, et qui continuera d'avoir lieu tous les cinq ans pour la direction et la décision de toutes les affaires du clergé.

III.

LE clergé continuera de payer ses contributions par forme de don gratuit, qui sera fixé à l'avenir au payement annuel des deux vingtiemes du revenu de tous ses biens-fonds, et de ses immeubles en maisons.

IV.

CES deux vingtiemes remplaceront les décimes du clergé, qui seront supprimées au 1er janvier 178.... Ils seront répartis sur tous les bénéfices, d'après un cadastre qui fera l'estimation du revenu général de toutes les propriétés du Royaume et de celles du clergé.

V.

Le clergé de France restera seul chargé de la constitution de ses rentes, et il établira une caisse d'amortissement pour assurer la libération graduelle de toutes ses dettes actuelles, et de ses emprunts à venir en quatorze années.

V I.

*Les provinces régies en pays d'Etats* conserveront la forme de leur administration particuliere, pour la levée, la régie et le payement de leurs contributions.

V I I.

Dans les provinces d'États, les deux vingtiemes et les sous pour £ des vingtiemes actuels seront supprimés au 1er janvier 178.... Ils seront remplacés par deux vingtiemes qui seront levés et perçus sur tous les biens-fonds de ces provinces, d'après un cadastre qui établira par communauté le produit général de leur territoire. Ce cadastre fixera le revenu effectif de chaque propriété, sur lequel seront exactement perçus les deux vingtiemes de l'impôt territorial.

V I I I.

Dans les provinces d'États, les tailles, les impositions accessoires et représentatives de la taille, la capitation et toutes les impositions militaires et locales, ainsi que les octrois des villes, et tous les impôts

sur

sur les consommations, établis en Flandre, en Artois, en Bretagne, sous le nom de *devoirs*, et en Languedoc, sous le nom d'*équivalens*, seront continués et levés sous la forme de leur régie et de leur perception actuelle.

IX.

Les provinces d'États dirigeront les opérations de leur caisse d'amortissement, de maniere que le remboursement de leurs dettes actuelles et de leurs emprunts à venir soit toujours effectué dans un espace de quatorze années.

X.

Les *communautés* des villes et les hôpitaux de toutes les provinces de notre Royaume, s'occuperont aussi de la libération de leurs dettes en quatorze années : voulant qu'elles nous présentent leurs moyens sur cet objet, afin de statuer, comme il conviendra, sur les effets de cette libération, qui tient autant à l'ordre de l'administration desdites communautés, qu'au bon ordre de nos finances.

XI.

Nous *confirmons* irrévocablement, par le présent édit, l'établissement des *assemblées provinciales* dans nos provinces d'élection et les pays conquis. Elles resteront composées des députés du clergé et de la noblesse, qui ne formeront qu'un seul ordre, et des députés du tiers-état, qui formeront le second ordre. L'assemblée de chaque généralité sera seule chargée de la répartition, de la perception et de la comptabilité des nouveaux impôts; conformément à ce qui sera ordonné par notre déclaration particuliere sur la forme de l'administration desdits impôts.

## XII.

Dans *nos provinces d'élection et les pays conquis*, tous les impôts directs, établis sur le territoire et sur les immeubles des villes, qui comprennent tous les vingtiemes et les sous pour £ des vingtiemes actuels, la taille principale et toutes les impositions accessoires du principal de la taille, y seront supprimés au 1er....... 178...

## XIII.

Tous les impôts indirects établis dans nos provinces d'élection et les pays conquis, qui comprennent la taille personnelle, la capitation des villes, les entrées, les octrois, les aides, les droits réservés, les droits des offices supprimés, les droits des inspecteurs aux boucheries et aux boissons, les droits sur les huiles et sur les savons, les doubles et triples droits sur les eaux-de-vie, les sous pour £ de ces différens droits, et toutes les taxes levées sur l'industrie des arts et métiers des villes et des campagnes, y seront supprimés au 1er.......... 178...

## XIV.

Tous *les droits de gabelles* et les crues sur le sel seront abolis et supprimés au 1er.......... 178..., dans toutes les provinces de l'étendue de notre Royaume, afin de rendre cette denrée entierement libre et marchande : voulant que la vente des sels à l'étranger soit aussi dégagée de tous droits quelconques, afin que ce commerce ne puisse éprouver à l'avenir aucunes gênes ni contraintes, tant à l'intérieur qu'à l'extérieur.

XV.

DANS toutes les provinces de notre Royaume, la *culture du tabac*, ainsi que la *fabrication* et la *vente* de cette denrée, y seront permises au 1er janvier 178..., pour rendre la vente de cette denrée entierement libre, dans toute l'étendue du Royaume.

XVI.

TOUS les droits de traites intérieures, qui se levent aux frontieres des provinces réputées étrangeres, seront supprimés au 1er janvier 178..., dans toutes les provinces de l'étendue de notre Royaume.

XVII.

TOUS les droits de la ferme de Seaux et de Poissy seront supprimés au 1er.......... 178..., en réservant toujours l'établissement de cette caisse, pour assurer l'avitaillement de notre bonne ville de Paris, où l'introduction des bestiaux sera entierement libre, par la suppression de tous les droits d'entrée.

XVIII.

TOUS les péages et tous les droits établis sur les ports et sur les rivieres, qui pourront être supprimés sans inconvénient, et qui nuisent à la liberté du commerce intérieur, de province à province, et de ville à ville, seront supprimés dans toutes les provinces de l'étendue de notre Royaume, au 1er.......... 178....

## XIX.

Tous *les droits* qui comprennent les droits de traites établis sur l'exportation et l'importation des marchandises nationales et étrangeres, ainsi que les droits du domaine d'Orient et d'Occident, continueront d'être perçus dans tous les ports et villes frontieres de notre Royaume, suivant un nouveau tarif qui sera arrêté en notre Conseil.

## XX.

Tous les droits domaniaux qui comprennent les droits du contrôle, insinuations, centieme denier, formule, amortissemens, francs-fiefs, usages, nouveaux acquêts, greffes, chancelleries et droits quelconques, faisant partie de ladite régie, ainsi que les droits de la régie des hypotheques de la Flandre maritime, et les droits de la Lorraine, seront continués dans toutes les provinces où ils sont établis, et dans toute l'étendue de leur perception actuelle.

## XXI.

Tous les droits de la régie générale seront supprimés, à l'exception des droits sur la marque d'or et d'argent, sur l'amidon et sur les papiers, cartes et cartons qui seront continués dans toutes les provinces où ils sont établis.

## XXII.

Les autres parties de nos revenus, qui subsisteront tels qu'ils sont établis, comprendront les vingtiemes du don gratuit et les abonnemens du clergé, les vingtiemes et autres contributions de nos provinces d'États, leurs abonnemens particuliers, les impositions de la Corse, les domaines fonciers, les bois et forêts, la régie des postes, celle des poudres et salpêtres, les messageries et le roulage, la loterie royale, les parties casuelles, le droit du marc d'or, et les monnaies.

## XXIII.

Tous *les impôts* qui sont supprimés par les articles XII, XIII, XIV, XV et XVI du présent édit, seront remplacés au 1er.............. 178...., dans toutes nos provinces d'élection et pays conquis, par les impôts désignés sous les dénominations suivantes :

L'IMPOT TERRITORIAL,

LA TAILLE RÉELLE,

LA SUBVENTION GÉNÉRALE,

LE RACHAT DES GABELLES.

## XXIV.

L'IMPOT TERRITORIAL portera sur tous les biens-fonds du territoire de toutes nos provinces régies en pays d'États, et de nos provinces d'élection et pays conquis, sur tous les biens-fonds du clergé, sur tous les biens-fonds de nos domaines et des domaines apanagés ou engagés, sur tous les biens-fonds de l'ordre de Malte, et sur tous les biens-fonds abonnés.

## XXV.

Les biens-fonds en terres labourables, en prés, en herbages, en vignes, en bois, en parcs et en marais cultivés, seront imposés à raison des deux vingtiemes de l'estimation du tiers du produit général de toutes les valeurs renaissantes des fruits du territoire.

XXVI.

CETTE estimation aura lieu par le cadastre général des terres, qui sera fait en cinq ans, aux frais des propriétaires-fonciers de chaque communauté, à tant l'arpent, et présenté par elles au 1er.......... 179..., devant les États et les assemblées provinciales de leur généralité, pour établir, au 1er.......... 179...., la perception réelle des deux vingtiemes de l'impôt territorial, sur les bases qui seront déterminées par le cadastre des terres. C'est-à-dire que le produit général d'une propriété cadastrée à 3000#, payera les deux vingtiemes de 1000#, faisant 100# d'impôt territorial.

XXVII.

LES immeubles en maisons seront imposés à raison des deux vingtiemes de la valeur du produit général de leurs loyers, dont le revenu sera fixé par estimation ou par les baux, qui seront à l'avenir passés par-devant notaires, et qui seront renouvelés d'ici au 1er.......... 178..., sans aucun droit de contrôle.

XXVIII.

LES deux vingtiemes seront aussi perçus sur tous les droits féodaux, sur toutes les rentes constituées sur l'État, perpétuelles et viageres, qui ne sont pas exemptes d'impositions, par leurs titres constitutifs, ou par nos édits, et par forme de retenue sur toutes les pensions anciennes, présentes et à venir, au-dessus de mille livres.

## X X I X.

Le premier vingtieme de l'impôt territorial sera établi, payable en argent, en remplacement des vingtiemes actuels, et des impôts indirects, pour former la partie principale des revenus de la Couronne.

## X X X.

Le second vingtieme sera établi pendant trente ans, pour subvenir à la libération des dettes de l'État, en trente années.

## X X X I.

La taille réelle sera établie dans toutes nos provinces d'élection et pays conquis. Elle portera sur tous les biens-fonds en terres labourables, en prés, en herbages, en vignes, en bois et en marais cultivés; elle sera payée par les fermiers, par les métayers et par les exploitateurs propriétaires, à raison des deux dixiemes du tiers du produit général de toutes les valeurs renaissantes du territoire de leurs fermages, dont l'estimation sera faite par le cadastre général des terres. C'est-à-dire que le produit général du territoire d'un fermage cadastré à 3000#, payera les deux dixiemes de 1000#, faisant 200# de taille réelle.

## X X X I I.

Les nobles et les privilégiés seront exempts de la taille réelle, pour la portion des biens qu'ils ont droit de faire valoir, conformément aux édits et déclarations rendus sur l'exemption des tailles.

XXXIII.

Les biens nobles seront conservés dans leurs franchises, par rapport à la taille réelle, suivant les priviléges des provinces où cette nobilité est établie.

XXXIV.

Le premier dixieme de la taille réelle sera établi payable en argent, en remplacement du principal et de toutes les impositions accessoires de la taille d'exploitation, pour completter les revenus fixes de la Couronne.

XXXV.

Le second dixieme sera établi pendant trente ans, pour subvenir à la libération des dettes de l'État, en trente années.

XXXVI.

La subvention générale portera sur toutes les maisons des villes et des campagnes de nos provinces d'élection et pays conquis qui n'en seront pas exceptées par le présent édit. Elle remplacera tous les impôts sur les consommations levés dans les villes, et elle sera fixée au quart des loyers de chaque maison des villes, bourgs et villages desdites provinces. C'est-à-dire que la subvention d'un loyer de 1200#, sera de 300#, qui sera payée par tous les locataires des villes et des campagnes.

XXXVII.

Les maisons qui seront habitées par les propriétaires, ou qui seront louées à mois et à jours, sans

baux,

baux, seront estimées par experts, à raison du denier quarante; et leur subvention sera fixée au quart du revenu de cette estimation, en dédommagement de leurs réparations et décorations locatives.

XXXVIII.

Les édifices publics, les maisons royales, les palais des princes de notre sang, les palais épiscopaux, les monasteres, les maisons curiales, les maisons seigneuriales, et toutes les maisons et les bâtimens nécessaires à l'exploitation et au service de l'agriculture, seront exempts de la subvention générale.

XXXIX.

Les maisons en bâtisse ou inhabitées seront de même exemptes de la subvention générale, du jour de la déclaration que les propriétaires seront tenus d'en faire devant l'assemblée provinciale de leur généralité, et de la maniere qu'il en sera ordonné par notre déclaration particuliere, sur la forme de l'administration des nouveaux impôts.

XL.

Le rachat des gabelles se fera, dans nos provinces d'élection et les pays conquis, par des sous pour £ additionnels en supplément de contribution, au produit de l'impôt territorial, de la taille réelle, et de la subvention générale, proportionnellement au prix du sel, dans chaque province.

XLI.

Cette contribution sera, dans les pays de grandes gabelles; de 4$^{s}$ pour £ des susdits impôts; de 3$^{s}$ pour £

dans les pays de petites gabelles et de gabelles de salines, et de 2$^{s}$ pour £ dans les pays rédimés, de quart-bouillon et du Réthelois.

XLII.

Les corvées étant abolies dans toutes les provinces d'élection et les pays conquis, par la suppression de toutes les impositions accessoires de la taille, la construction et l'entretien des chemins publics s'y feront à l'avenir à prix d'argent, sous l'inspection des assemblées provinciales, et sur des fonds qui seront invariablement assignés à cette dépense, sur les nouveaux impôts de chaque généralité.

XLIII.

Les octrois dont jouissent plusieurs villes de nos provinces d'élection et pays conquis, et ceux dont jouissent aussi plusieurs hôpitaux et communautés, étant supprimés par l'article XIII du présent édit, nous leur attribuons, en remplacement de leurs octrois, sur les fonds de la subvention générale de chaque ville, les sommes qui seront jugées nécessaires à leurs dépenses, par l'assemblée provinciale de leur généralité, dont les décisions seront confirmées par des arrêts de notre conseil.

XLIV.

Voulons que les péages et les autres droits établis sur les ports et sur les rivieres, qui sont supprimés par l'article XVIII du présent édit, dont quelques-uns de nos sujets sont en possession, soient liquidés. En conséquence, nous entendons que, d'après la vérification des titres de leur propriété, et l'estimation qui en sera faite par les États et les assemblées provinciales de chaque généralité, la liquidation en soit ordonnée par la commission de notre conseil, chargée de la liquidation des péages, en contrats au denier trente, hypothéqués sur les impôts de chaque province, remboursables en 30 années.

X L V.

Dans le cas où quelques-unes des suppressions énoncées dans les articles précédens, porteraient atteinte aux priviléges d'aucunes provinces ou villes de notre obéissance, lesdites provinces et villes nous adresseront leurs représentations à cet égard, afin qu'il soit par nous statué sur leurs demandes, conformément à l'article premier du présent édit.

X L V I.

Le clergé délibérera à sa prochaine assemblée sur la fixation des abonnemens qu'il fera d'ici au 1er janvier 178. . . . pour la contribution de ses vingtiemes, en forme de don gratuit. Ils seront portés provisoirement à *dix millions* par an, et répartis au marc la £ des décimes actuelles, jusqu'à la confection du *cadastre* de toutes les propriétés, qui déterminera la repartition juste, et le produit effectif de ses deux vingtiemes.

X L V I I.

Le clergé traitera aussi, par abonnement, du remplacement de sa contribution annuelle dans tous les droits de gabelles, d'aides, de traites et autres droits qui sont supprimés à son profit, par les articles XIII,

XIV, XV et XVI du présent édit, suivant la situation de ses biens, dans chaque province; et le cours de la perception de ces différens abonnemens commencera au 1^er janvier 178... pour être versés, de six mois en six mois, dans le trésor royal.

## XLVIII.

*Les provinces régies en pays d'États* s'occuperont incessamment de la répartition de leurs deux vingtiemes en *impôt territorial*, sur tous leurs biens-fonds et leurs immeubles en maisons; et jusqu'à la confection du *cadastre* qui en déterminera le produit général et le revenu effectif, l'abonnement en sera fixé provisoirement à *vingt millions* par an, pour ses biens-fonds, et à *six millions* pour ses immeubles en maisons. Les contributions de cet abonnement seront réparties sur chaque province d'États, au marc la £ de leurs vingtiemes actuels, dont le cours de la perception commencera au 1^er janvier 178... pour être versés tous les six mois dans le trésor royal.

## XLIX.

Ces différentes provinces sujettes à la gabelle, aux crues sur le sel, à l'impôt du tabac et aux droits de traites établies à leurs frontieres, qui sont supprimés par les articles XIV, XV et XVI du présent édit, traiteront aussi avec nous du rachat de ces impôts, de maniere que ces abonnemens qui commenceront au 1^er janvier 178... soient équivalens au produit actuel de ces différens droits, et soient versés, de six mois en six mois, dans le trésor royal.

## L.

*L'ÉTABLISSEMENT de l'impôt territorial* et de la *taille réelle* ne pouvant être fait, dans nos provinces d'élection et les pays conquis, sur des bases fixes et certaines, que par le cadastre des terres, qui ne sera fini qu'au 1er ...... 179... le cours de leur perception n'en commencera pas moins au 1er ...... 178... et le produit en sera fixé à 70 *millions* pour la partie de l'*impôt territorial*, et à 140 *millions* pour la partie de la *taille réelle*, dont la répartition se fera provisoirement sur tous les biens-fonds du territoire de chaque généralité, au marc la £ de leurs impôts actuels.

## L I.

A cet effet, nos commissaires départis dans chaque province d'élection et des pays conquis, nous présenteront d'ici au 1er ...... 178... l'état général de tous les impôts qui se levent sur les élections de leur généralité, en distinguant ceux qui se perçoivent sur les biens ruraux d'avec ceux des villes.

## L I I.

D'APRÈS cet état, nous nous réservons d'ordonner, par généralité, la portion des 70 *millions* de l'*impot territorial*, et des 140 *millions* de la *taille réelle*, qu'elles devront payer chacune pour leur contingent, au marc la £ de leurs vingtiemes et de leur taille actuelle.

## L I I I.

ENSUITE les *assemblées provinciales* répartiront sur les communautés de chaque élection de leur généralité la portion des impôts qu'elles devront payer, comme *impôt territorial* et comme *taille réelle*, au marc la £ de leurs vingtiemes et de leur taille actuelle.

L I V.

DELA, chaque communauté répartira entre ses propriétaires-fonciers et ses taillables, la portion des impôts qui leur seront assignés en payement, comme *impôt territorial* et comme *taille réelle*, au marc la £ de l'estimation de la valeur effective du revenu de chaque propriété, qui sera faite d'un commun accord par deux experts nommés et choisis dans les principaux habitans de la communauté.

L V.

ENFIN, les propriétaires-fonciers et les taillables de chaque communauté ajouteront, par supplément de contribution, au payement de leur *impôt territorial*, de leur *taille réelle* et de leur *subvention générale*, les *sous pour £* du *rachat* de leurs *gabelles*, proportionnellement au *prix du sel* dans chaque canton.

L V I.

*QUANT aux nouveaux impôts* qui seront établis sur les immeubles des maisons des villes et des campagnes de nos provinces d'élection et pays conquis, sous le nom de *vingtiemes*, de *subvention générale*, et des *sous pour £* de ces différens impôts en *rachat des gabelles*, le cours de leur perception commencera de même au 1er ........ 178... conformément à ce qui est ordonné par les articles XXVII, XXXVI, XXXVII, XXXVIII, XXXIX, XL et XLI du présent édit.

## L V I I.

Créons et établissons une *commission*, qui sera formée des membres de notre conseil, laquelle sera chargée de la libération générale des dettes de l'État, suivant qu'il en sera ordonné par nos édits, lettres patentes, déclarations et arrêts de notre conseil.

## L V I I I.

Pour parvenir à cette libération générale, nous créons quatre millions de rentes perpétuelles au capital de 120 *millions*, qui seront constituées au denier trente, remboursables en trente années, sur les impôts de chacune de nos provinces où il y aura des péages à rembourser, et comme il en sera ordonné par notre édit de création sur lesdites rentes perpétuelles.

## L I X.

Créons de plus neuf millions de rentes qui seront constituées en viager, sur les nouveaux impôts de la ville et de la généralité de Paris, à neuf et dix pour cent sur une et deux têtes, sans retenue d'impositions ; comme il en sera ordonné par notre édit de création sur lesdites rentes viageres.

## L X.

Créons aussi 150 millions en 150 mille annuités de 1000# chaque, payables au porteur, portant cinq pour cent d'intérêts sans retenue d'impositions, qui seront assignées sur les revenus libres des abonnemens particuliers de nos *provinces d'Etats*, *pour le rachat de leurs gabelles* et de leurs *droits de traites*, remboursables en dix années; et qui concourront de plus à *un million de lots* en chances annuelles; comme il en sera ordonné par nos lettres patentes, sur la création desdites annuités.

## L X I.

Créons en outre 300 *mille* promesses de remboursement de 1000# chaque, payables au porteur, portant quatre pour cent d'intérêts sans retenue d'impositions, qui seront assignées sur les revenus libres de nos fermes générales, qui concourront annuellement aux chances de 1500 *mille livres* et 3000 *lots* attachés auxdites promesses, et qui seront remboursables en trente années, de la maniere qu'il en sera ordonné par nos lettres patentes, sur la création desdites promesses de remboursement.

## L X I I.

*Toutes les rentes perpétuelles* qui se payent en l'hôtel de notre bonne ville de Paris, et à la caisse des arrérages, qui n'ont point d'hypotheque sur le domaine de ladite ville et sur nos provinces régies en pays d'États, seront reconstituées d'ici au 1er...... 178... par la commission de notre conseil, chargée de la liquidation des dettes de l'État; et elles seront spécialement hypothéquées sur les nouveaux impôts du territoire de nos provinces d'élection et pays conquis, à raison de leurs capitaux et de leurs intérêts actuels.

## L X I I I.

Ces rentes perpétuelles seront réparties sur chaque province, par la commission de notre conseil, chargée de la liquidation des dettes de l'État, au marc la £

de

de leurs impôts actuels, pour être payées, de six mois en six mois, par les trésoriers généraux de chaque généralité, jusqu'à ce que la situation de nos finances nous permette d'établir une caisse d'amortissement pour le remboursement annuel et graduel de celles desdites rentes qui sont constituées au denier vingt.

## L X I V.

TOUTES les rentes viageres seront aussi réconstituées d'ici au 1er....... 178.... par la commission de notre conseil, chargée de la liquidation des dettes de l'État, pour être spécialement hypothéquées sur les nouveaux impôts de la ville et de la généralité de Paris; et elles continueront d'être payées, de six mois en six mois, en l'hôtel de ladite ville, par les payeurs des rentes qui resteront en charge.

## L X V.

CETTE réconstitution de rentes perpétuelles et viageres, sera énoncée à nos frais ensuite de la minute de leurs contrats, afin de laisser à chaque rentier le titre originaire de sa créance.

## L X V I.

POUR établir de six mois en six mois le payement desdites rentes perpétuelles et viageres, voulons que l'appoint des arrérages qui se trouveront dûs à l'époque du 1er...... 178.... soit fait dans le courant du mois d...... 178.... en ajoutant la somme de ces arrérages au capital desdites rentes; ce qui augmentera leur constitution au profit de chaque rentier.

## LXVII.

Supprimons, au 1er janvier 178... toutes les charges des trésoriers généraux des différens départemens, dont toutes les caisses seront réunies à notre trésor royal; et nous éteignons aussi tous les offices des receveurs généraux de nos finances, des receveurs des tailles, des receveurs des vingtiemes et de la capitation, créés dans nos provinces d'élection et les pays conquis, ainsi que toutes les charges des receveurs des impositions de notre bonne ville de Paris, et toutes celles des juridictions de nos greniers à sel, créées dans les différentes provinces de notre Royaume.

## LXVIII.

Toutes les charges de finance, supprimées dans l'article précédent, seront liquidées en notre trésor royal, d'ici au 1er...... 178... en argent comptant.

## LXIX.

Les fonds de cautionnement dûs aux administrateurs des postes, aux fermiers généraux et aux administrateurs de nos domaines, seront fixés et réduits à 500 mille livres, portant cinq pour cent d'intérêts, sans retenue; et le surplus de leur cautionnement actuel leur sera liquidé en notre trésor royal, d'ici au 1er...... 178.... en promesses de remboursement, portant quatre pour cent d'intérêts, remboursables en trente années.

## LXX.

Les fonds de cautionnement dûs à ceux de nos gens de finance qui seront supprimés, ainsi que les fonds dûs aux employés des fermes et des régies qui se trouveront réformés, seront liquidés d'ici au 1er...... 178... en argent comptant.

## L X X I.

Les actions, portions d'actions et emprunts de l'ancienne compagnie des Indes seront liquidés d'ici au 1er janvier 178.... en promesses de remboursement, portant quatre pour cent d'intérêts, remboursables en trente années.

## L X X I I.

Les dettes arriérées et en litige seront liquidées d'ici au 1er janvier 178.... par la commission de notre conseil, chargée de la libération des dettes de l'État, d'après le compte qui nous en sera rendu, et de la maniere qui nous paraîtra la plus équitable, soit en argent comptant, soit en promesses de remboursement, portant quatre pour cent d'intérêts, remboursables en trente années.

## L X X I I I.

Les dettes exigibles, comprenant tous les billets des fermes, ceux des trésoriers et des gardes du trésor royal en cours sur la place, ainsi que les rescriptions anticipées sur les recettes générales seront remboursées d'ici au 1er janvier 178..... en argent comptant.

## L X X I V.

L'appoint de tous les remboursemens des charges supprimées, et de tous les effets publics, sera fait d'ici au 1er janvier 178.... soit en argent comptant, soit en promesses de remboursement, portant quatre pour cent d'intérêts, remboursables en trente années.

## L X X V.

VOULONS, en supprimant les impositions les plus à charge à nos peuples, que les conditions faites pour le bail arrêté avec nos fermiers généraux soient conventionnellement annullées au 1er....... 178.... et qu'à cette époque, il soit traité de toutes les parties de finance qui resteront annexées à la ferme générale, par un nouveau bail de huit années, en dédommagement et compensation de la résiliation du bail actuel, passé en 178....... sous le nom d.......

## L X X V I.

CRÉONS dans chacune de nos provinces, en pays d'élection et pays conquis, un office de trésorier général, qui sera rempli de préférence par les receveurs généraux de nos finances, supprimés par l'article LXVII du présent édit; et la nomination desdits trésoriers généraux nous sera à l'avenir proposée par l'assemblée provinciale de chaque généralité.

## L X X V I I.

LA finance des nouveaux offices des trésoriers généraux, créés dans nos provinces d'élection et pays conquis, sera fixée à 500 mille livres, portant cinq pour cent d'intérêts, sans retenue; et ces fonds seront versés dans notre trésor royal, par chacun desdits trésoriers, d'ici au 1er....... 178.... bien entendu que les capitaux des offices actuels de ceux de nos receveurs généraux pourvus desdits offices, qui seront conservés, entreront en payement de cette nouvelle finance.

LXXVIII.

Créons aussi, dans notre bonne ville de Paris, vingt offices de receveurs particuliers des impositions, dont la finance, que nous fixons à 100 mille livres pour chacune, sera versée dans notre trésor royal, au 1er............ 178.... et l'intérêt au denier vingt sans retenue en sera assigné auxdits receveurs, sur les deniers de leur recette.

LXXIX.

Le *nouvel ordre* établi par le présent édit dans l'administration de nos finances, nécessitant la suppression d'un grand nombre d'employés à titres divers, nous voulons pourvoir, dans tous les cas, aux besoins de leur subsistance alimentaire, et principalement à celle de ceux qui se trouveront dans l'impossibilité de prendre un autre état, soit en refluant aux travaux de l'agriculture, soit en s'adonnant à la nouvelle branche du commerce du sel, ou à d'autres parties du commerce intérieur et maritime.

LXXX.

A cet effet, nous affectons le fonds d'*un million* par an, pour les pensions que nous voulons bien accorder à chacun des employés qui, ayant servi *trente ans* dans nos fermes générales, en seront reconnus susceptibles, soit par cause d'âge, d'infirmités ou de surcharge d'enfans, dont le brevet leur sera expédié à leur domicile, d'après la demande de nos fermiers généraux, et l'examen qui en sera fait par les États et les assemblées provinciales des provinces, et d'après le compte qui nous en sera rendu par notre commissaire départi dans chaque généralité.

LXXXI.

ORDONNONS qu'à commencer du 1er....... 178.... il soit fait tous les ans un *état général* de la situation exacte de nos finances, qui nous sera présenté pour être rendu public, afin que nos sujets connaissent à l'avenir le cours des opérations du département de nos finances, dont la *clandestinité* est aussi préjudiciable au crédit public, qu'elle est éloignée de la confiance que mérite la pureté de nos intentions pour le plus grand bonheur de nos peuples.

LXXXII.

AVONS dérogé et dérogeons expressément, par le présent édit, à tous édits, déclarations et lettres-patentes à ce contraires, en nous réservant de pourvoir incessamment à tout ce qui paraîtra nécessaire pour consolider irrévocablement les principes de la nouvelle administration de nos finances, conformément et en exécution du présent édit.

SI DONNONS EN MANDEMENT, &c.

# DECLARATION

# DU ROI,

*PORTANT établissement confirmatif des assemblées provinciales dans les provinces d'élection et les pays conquis, avec les réglemens qui ordonnent la forme de la répartition, de la perception et de la comptabilité des nouveaux impôts.*

Donnée à Versailles le........ 178...

*Registrée en nos Cours, le*.................

LOUIS, PAR LA GRACE DE DIEU, ROI DE FRANCE ET DE NAVARRE : à tous présens et à venir; SALUT.

EN rendant à nos peuples, par la nouvelle administration de nos finances, la liberté de leurs jouissances, nous avons cru devoir déterminer les derniers réglemens qui doivent confier à leurs soins la répartition, la perception et la comptabilité des nouveaux impôts établis par notre édit du mois d........ 178... Cette résolution, qui part d'un sentiment de notre bienfaisance, et qui est depuis long-temps le vœu de nos sujets, nous répond de leur fidélité et de leur zele à remplir l'exécution d'une loi qui a pour objet leur soulagement et l'accroissement des revenus de l'État, par la levée juste et précise des impôts.

A CES CAUSES .................... Nous disons, déclarons, ordonnons, voulons et nous plaît ce qui suit :

ARTICLE PREMIER.

*ÉTABLISSEMENT DES ASSEMBLÉES PROVINCIALES.*

EN conformité de notre édit du mois d...... de la présente année, nous confirmons irrévocablement l'établissement des assemblées provinciales dans nos provinces d'élection et pays conquis. Elles seront chargées de la répartition, de la perception et de la comptabilité des nouveaux impôts. Nous divisons lesdites provinces en vingt-sept généralités, dont les élections et les bailliages seront déterminés par une déclaration particuliere.

II.

Lieux de leurs assemblées.

NOUS fixons, par la présente déclaration, pour villes de leurs assemblées, Paris, Melun, Beauvais, Amiens, Soissons, Orléans, le Mans, Bourges, Lyon, Saintes, Moulins, Poitiers, Clermont-Ferrand, Limoges, Bordeaux, Tours, Auch, Ville-franche, Troyes, Reims, Rouen, Caen, Alençon, Besançon, Metz, Strasbourg, Nanci.

III.

Composition des assemblées provinciales.

CHAQUE assemblée provinciale sera composée des députés du clergé et de la noblesse, qui ne formeront qu'un seul ordre ; et des députés du tiers-état, qui

formeront

formeront le second ordre ; et pour accélérer l'établissement de la nouvelle administration, nous nous réservons la premiere nomination desdits députés.

I V.

Forme de la nomination des députés.

La nomination à venir des députés se fera librement par le concours de chaque ordre, nous réservant toujours le droit de confirmer ou de rejeter la nomination desdits députés qui prêteront serment de la maniere qu'il sera ordonné.

V.

ORDRE DU CLERGÉ ET DE LA NOBLESSE.

Corps du clergé.

Le corps du clergé sera composé de deux députés par élection, et d'un député de la ville principale de chaque élection, qui seront élus au scrutin, par tous les bénéficiers des campagnes et de la ville principale de chaque élection.

V I.

Pour procéder à cette élection, l'assemblée se tiendra, le premier dimanche de septembre de chaque année, dans le palais épiscopal de la ville principale de la généralité, en présence de l'évêque diocésain ; et le procès verbal de la nomination de ces députés sera signé de toute l'assemblée, pour ladite nomination être confirmée par un arrêt de notre conseil.

V I I.

Corps de la noblesse.

Le corps de la noblesse sera composé de deux députés, par élection, propriétaires d'un fief noble, dans l'étendue de l'élection; et d'un député de la ville principale de chaque élection, propriétaire d'une maison entiere dans ladite ville, et noble depuis cent ans.

VIII.

Les députés de la noblesse, pour les élections, seront élus au scrutin par tous les seigneurs de paroisse, proprietaires d'une terre à clocher, dans l'étendue de l'élection, et nobles depuis cent ans.

IX.

Les députés de la noblesse, pour la ville principale de chaque élection, seront élus au scrutin par les gentilshommes, propriétaires d'une maison entiere située dans ladite ville, et nobles depuis cent ans.

X.

L'assemblée des nobles qui auront droit à cette nomination, se tiendra le second dimanche de septembre de chaque année, en la ville de l'élection, et dans l'hôtel de la juridiction, en présence du subdélégué de l'élection ; et le procès-verbal de cette nomination sera signé de toute l'assemblée, pour ladite nomination être confirmée par un arrêt de notre conseil.

XI.

*Ordre du tiers-état.*

L'ordre du tiers-état sera composé de quatre députés par élection, et de deux députés de la ville principale de chaque élection, dont le maire ou celui qui le représentera dans la ville principale de la généralité sera toujours le procureur syndic; et ces députés seront élus par des syndics qui seront nommés dans chaque élection par les communautés de chaque paroisse.

## XII.

A cet effet, les principaux habitans des communautés de chaque bourg et de chaque village, et les gens du tiers-état, qui seront propriétaires d'une maison entiere dans la ville principale de chaque élection, nommeront leurs syndics, le 1er......... de la présente année, au nombre de deux syndics par chaque paroisse; et cette nomination aura lieu, à l'avenir, le premier dimanche de septembre de chaque année.

## XIII.

Ces syndics remplaceront les consuls établis dans plusieurs provinces, pour le recouvrement des impôts; et le premier syndic de chaque communauté se rendra, le troisieme dimanche de septembre de chaque année, dans la ville de l'élection, pour élire au scrutin les députés du tiers-état, que les élections auront droit de nommer dans les assemblées provinciales.

## XIV.

La nomination des députés du tiers-état se fera en présence du juge et du subdélégué de l'élection, dans l'hôtel de la juridiction de la ville de l'élection; et le procès-verbal de cette nomination sera signé de toute l'assemblée, pour ladite nomination être confirmée par un arrêt de notre conseil.

## XV.

Ces députés ne pourront être élus dans les campagnes que parmi les propriétaires du tiers-état, qui posséderont au moins 200# de rente en biens-fonds, ou parmi les exploitateurs qui tiendront pour 3000#

de fermage dans l'étendue de l'élection; et, pour la ville principale de chaque élection, ils ne pourront être élus qu'entre les propriétaires qui posséderont une maison entiere dans lesdites villes.

XVI.

Les assemblées provinciales seront toujours présidées par l'évêque diocésain ou par un gentilhomme d'ancienne extraction, possédant terre titrée dans la province, qui changeront tous les trois ans, et dont nous nous réservons en tout temps la nomination particuliere.

XVII.

*Changement triennal des députés.*

Les députés des assemblées provinciales changeront tous les ans par tiers de chaque ordre; mais ce changement ne commencera qu'à la fin de la troisieme année de leur premiere convocation, pour avoir toujours dans les assemblées provinciales les deux tiers des députés de chaque élection, qui soient en état d'instruire les nouveaux députés des affaires de la généralité.

XVIII.

Forme de leurs délibérations.

Pendant la tenue de leurs assemblées, les deux ordres pourront délibérer en particulier, sur les affaires relatives à leurs intérêts; mais ce qui aura été proposé ne pourra avoir d'exécution que d'après l'approbation de l'assemblée génerale, dont les délibérations auront lieu à la pluralité des voix des députés des deux ordres, qui voteront alternativement, et chacun en particulier, sans unité d'ordre.

XIX.

Le gouverneur général de la province, ou le commandant qui le représentera dans chaque généralité, et notre commissaire départi assisteront aux assemblées provinciales, en qualité de nos commissaires, sans pouvoir gêner les suffrages de leurs délibérations.

Commissaires pour sa majesté.

XX.

Chaque assemblée provinciale nommera un greffier secrétaire qui sera chargé de sa correspondance, du dépôt des registres de ses délibérations, et du rôle des impositions de toutes les communautés de la généralité.

Greffiers secrétaires.

XXI.

Les assemblées provinciales seront convoquées tous les ans, d'après nos ordres qui seront adressés à chacun de leurs députés en particulier, par nos commissaires : elles s'assembleront au 1er......... de la présente année ; et les années suivantes au 1er novembre.

*Convocation des assemblées provinciales.*

XXII.

Voulons qu'elles soient spécialement chargées de la répartition des impôts, conformément à l'ordre établi par notre édit du mois d......... de la présente année : elles arrêteront aussi tous les comptes relatifs à la perception des impôts de chaque généralité, qui seront toujours appurés à la fin de la seconde année, et présentés par elles à nos chambres des comptes.

Leurs fonctions.

XXIII.

Elles délibéreront aussi sur tout ce qui intéressera

la prospérité de nos provinces ; ce qui consiste dans le plus grand produit du territoire, dans la plus grande activité de l'industrie et du commerce, dans l'ouverture des canaux, et dans la construction des chemins publics et vicinaux sur lesquels elles auront l'inspection générale.

XXIV.

Les assemblées provinciales, après avoir délibéré sur tous les objets compris dans l'article précédent, nous adresseront directement leurs représentations et leurs mémoires, afin que nous puissions assigner, sur les impôts de chaque province, les sommes que nous jugerons nécessaires aux dépenses annuelles de ces travaux, qui se feront par des adjudications publiques, en présence de notre commissaire départi, et sous l'inspection de commissaires nommés à cet effet par les assemblées provinciales : voulant que les comptes de ces dépenses, après avoir été examinés par lesdites assemblées, soient arrêtés et liquidés tous les ans par le trésorier général de chaque généralité, sur les ordonnances de notre commissaire départi.

XXV.

Lieux de leurs assemblées.

Les séances des assemblées provinciales se tiendront dans l'hôtel de la ville capitale de chaque généralité, jusqu'à ce que nos provinces aient pris des arrangemens pour avoir un hôtel propre à la tenue de leurs séances.

XXVI.

Dans l'intervalle du temps qui s'écoulera tous les

ans, d'une assemblée à l'autre, les assemblées provinciales seront représentées, pour l'expédition des affaires de leur généralité, par une commission intermédiaire, qui sera composée d'un procureur général syndic, élu alternativement tous les trois ans, dans les députés de l'ordre du clergé et de la noblesse; plus, de deux députés de chaque corps du clergé et de la noblesse; plus, du maire procureur syndic du tiers-état, et de quatre députés dudit ordre, qui seront élus tous les ans par le scrutin de chaque ordre en particulier.

Commission intermédiaire.

## XXVII.

CETTE commission s'assemblera deux fois par mois; et le greffier secrétaire de l'assemblée provinciale assistera à chaque séance, pour constater sur son registre les délibérations de cette commission : elles seront signées par le procureur général syndic et par le greffier, qui en donnera copie à notre commissaire départi; et elles auront provisoirement leur exécution jusqu'à l'assemblée générale du mois de novembre de chaque année.

## XXVIII.

*DIVISION DE LA GÉNÉRALITÉ DE PARIS.*

LA ville de Paris formera seule une généralité avec ses faubourgs et sa banlieue. Elle sera divisée en vingt quartiers; et il y aura à l'avenir un conseiller quartinier domicilié dans chaque quartier.

## XXIX.

Composition de l'assemblée provinciale de la ville de Paris.

L'ASSEMBLÉE provinciale de notre bonne ville de Paris sera composée du prévôt des marchands, qui la présidera, de douze députés, dont six du clergé et six de la noblesse, qui ne formeront qu'un seul ordre, et de douze députés du tiers-état qui formeront le second ordre, dont nous nous réservons en tout temps la nomination, et qui prêteront serment de la maniere qu'il nous plaira en ordonner.

XXX.

Ordre du clergé et de la noblesse.

Les deux tiers des députés de l'ordre du clergé et de la noblesse seront choisis entre les principaux bénéficiers et gentilshommes propriétaires d'une maison dans la ville de Paris; et l'autre tiers, parmi ceux de la banlieue.

XXXI.

Ordre du tiers-état.

Le tiers-état sera représenté par huit des anciens échevins de la ville de Paris, et par quatre propriétaires de la banlieue.

XXXII.

Changement triennal des députés.

Les députés de l'assemblée provinciale de la ville de Paris changeront tous les ans par tiers de chaque ordre, après la troisieme année de leur premiere convocation.

XXXIII.

Forme de leurs délibérations.

Pendant la tenue de leurs assemblées, les députés des deux ordres auront tous voix délibérative alternativement, et chacun en particulier sans unité d'ordre : et l'assemblée provinciale sera chargée à l'avenir de la répartition, de la perception et de la comptabilité des impôts de cette généralité, conformément à notre édit du mois d...... de la présente année.

XXXIV.

## XXXIV.

Le gouverneur de notre bonne ville de Paris, et notre secrétaire d'État, en ayant le département, assisteront aux séances de l'assemblée provinciale de ladite ville, en qualité de nos commissaires, sans pouvoir en gêner les délibérations.

Commissaires pour Sa Majesté.

## XXXV.

Cette assemblée provinciale aura un secrétaire chargé de sa correspondance, et un greffier dépositaire des registres de ses délibérations, lesquels seront à sa nomination.

Greffier, secrétaire.

## XXXVI.

Hors le temps des assemblées générales, l'assemblée provinciale de notre bonne ville de Paris, sera toujours représentée par le prévôt des marchands, par six députés du clergé et de la noblesse, par six échevins députés du second ordre, et par le greffier et le secrétaire de ladite assemblée. Tous ces députés s'assembleront deux fois par mois, et leurs délibérations auront provisoirement leur exécution, jusqu'à l'assemblée générale du mois de novembre de chaque année, où elles auront besoin d'être confirmées.

Commission intermédiaire.

## XXXVII.

Les députés du clergé recevront chaque année, pour droit de présence dans les assemblées provinciales, une bourse de quarante jetons d'or, qui leur sera présentée par le receveur du clergé, au nom et aux dépens du clergé.

*HONORAIRES DES DÉPUTÉS DES ASSEMBLÉES PROVINCIALES.*

Ordre du clergé et de la noblesse.

## XXXVIII.

Les députés de la noblesse des différentes généralités recevront chaque année, pour leur droit de présence dans les assemblées provinciales, une bourse de quarante jetons d'or, qui leur sera présentée par notre commissaire départi, et, dans notre bonne ville de Paris, par celui de nos secrétaires d'État qui sera chargé de son département.

## XXXIX.

Ordre du tiers-état.

Les députés du tiers-état des différentes généralités recevront chaque année, pour leur droit de présence dans les assemblées provinciales, une bourse de vingt jetons d'or, qui leur sera présentée par notre commissaire départi; et dans notre bonne ville de Paris, par le prévôt des marchands de ladite ville.

## XL.

Commissions intermédiaires.

Les procureurs généraux syndics de l'ordre de la noblesse et du clergé, recevront chacun 6000# d'appointemens par an; les maires, procureurs syndics du tiers-état, recevront chacun 3000#, et les députés qui composeront avec eux les commissions intermédiaires, pendant l'interruption des assemblées provinciales, recevront chacun 1200# de gratification annuelle, qui leur seront payés tous les six mois par le trésorier général de la généralité.

## XLI.

Conseillers quartiniers.

Les conseillers quartiniers de notre bonne ville de Paris recevront chacun 3000# par an, d'honoraires, pour l'exercice de leurs fonctions, qui leur seront payés tous les six mois par le receveur des impositions de chaque quartier.

## XLII.

LES greffiers et les secrétaires attachés aux assemblées provinciales recevront chacun 3000# d'appointemens par an, qui leur seront payés tous les six mois par le trésorier général de la généralité.

Greffiers, secrétaires.

## XLIII.

LES communautés de chaque élection éliront chacune un collecteur, le ..... de la présente année; et à l'avenir ils seront élus le second dimanche de septembre, même jour qu'elles éliront leurs syndics. Ces collecteurs seront choisis entre les principaux propriétaires et fermiers de la communauté.

*ÉLECTION DES COLLECTEURS DES BOURGS ET DES VILLAGES.*

## XLIV.

LES villes des élections de chaque généralité, à l'exception de notre bonne ville de Paris, nommeront aussi, par chacune de leur paroisse, le ........ de la présente année, et à l'avenir le second dimanche de septembre de chaque année, leurs collecteurs qui seront élus par les propriétaires d'une maison entiere située sur ladite paroisse.

Election des collecteurs des villes.

## XLV.

LES syndics seront chargés des affaires de leurs communautés, et ils feront seuls le recouvrement des impôts qu'ils remettront aux collecteurs de leur paroisse.

Fonctions des syndics et des collecteurs.

## XLVI.

LES syndics et les collecteurs des communautés de chaque paroisse, soit dans les villes, soit dans les campagnes, changeront alternativement tous les trois ans : et, pour établir invariablement cet ordre,

Changement triennal des syndics et des collecteurs.

l'exercice du premier syndic de chaque paroisse sera de trois années; le cours de la collecte du premier collecteur élu sera de quatre années; et les fonctions du second syndic seront de cinq années, sans qu'ils puissent être destitués que par les assemblées provinciales, d'après les plaintes fondées de la part de leurs communautés.

XLVII.

*NOMINATION DES RECEVEURS DES IMPOSITIONS.*

LES assemblées provinciales nommeront avant le 1er ........ 178... un receveur des impositions, par chaque élection et par chaque ville où il en sera besoin, ayant bonne et suffisante caution pour répondre des impositions qu'il recevra des collecteurs.

XLVIII.

LES receveurs de chaque élection ne pourront être destitués que par les assemblées provinciales, conformément à ce qui est prescrit à l'égard des syndics et des collecteurs, par l'article XLVI de la présente déclaration.

XLIX.

*CADASTRE ET DIVISION DES ELECTIONS EN SIX DISTRICTS, ET CHAQUE DISTRICT EN TROIS CANTONS.*

CHAQUE élection sera partagée en six districts qui porteront le nom de la ville principale de leur ressort; et chaque district sera divisé en trois cantons, dont tous les biens-fonds des communautés seront estimés par un cadastre général des terres qui sera fait d'ici au 1er ....... 179....

L.

Commissaires chargés du cadastre.

LE cadastre de chaque district se fera sous l'inspection de trois commissaires, dont un sera nommé dans chaque canton par les assemblées provinciales;

et il sera choisi dans l'ordre des principaux gentils-hommes propriétaires d'une terre à clocher, qui donnera le nom à son canton.

L I.

Cadastre des biens-fonds.

Le produit général de chaque district sera fixé d'après le cadastre du territoire de chaque communauté. Elles seront obligées de le faire à leurs frais, et de le présenter dans le cours de l'année 179.... devant l'assemblée provinciale de leur généralité, par la voie des commissaires de leur canton.

L I I.

Experts-estimateurs.

Ce cadastre sera fait par arpentage, et par quatre experts estimateurs, aux frais de chaque communauté, et choisis dans les laboureurs de chaque canton, dont deux seront nommés par notre commissaire départi, et deux par les syndics des communautés de chaque canton; lesquels prêteront serment devant les juges de l'élection.

L I I I.

Estimation des biens-fonds.

Ces experts feront l'estimation des biens-fonds de chaque communauté, en présence des curés de chaque paroisse, sous l'inspection du commissaire de chaque canton, et sur le pied du produit général de chaque propriété, en estimant chaque espece de terre, relativement à son arpentage, à sa qualité, et principalement à la nature de ses productions, de la maniere qu'il en sera ordonné par notre déclaration, pour procéder au cadastre des terres.

L I V.

Division des communautés par feux.

Le cadastre de chaque communauté sera partagé en plusieurs feux, suivant la consistance des lieux, sans pouvoir être de plus de douze feux, ni moins de quatre : et trois principaux habitans, nommés par la communauté, feront la répartition des impositions de chaque feu qui restera cadastré par livres, sous et deniers de l'estimation de son produit.

L V.

*PUBLICITÉ DU CADASTRE.*

Ce cadastre, après avoir été présenté en 179... aux assemblées provinciales par les commissaires des cantons de chaque district qui en seront chargés, sera imprimé et affiché devant l'église de chaque paroisse, pour être exposé pendant l'année 179.... à la reclamation des contribuables.

L V I.

Réclamation des contribuables, contre les erreurs du cadastre.

Pendant le cours de cette année seulement, chaque propriétaire pourra se pourvoir par requête, devant les tribunaux de nos élections, contre la lésion qu'il croira avoir soufferte dans l'estimation de ses biens.

L V I I.

Vérification du cadastre.

Voulons que la requête soit communiquée sur le champ au commissaire de chaque canton, et à notre commissaire départi, qui nommera de nouveaux experts avec les syndics des communautés, pour procéder à une nouvelle estimation. Si la demande est fondée, l'erreur sera corrigée aux dépens de la commanauté : si elle ne l'est pas, le plaignant payera les frais de justice, et ceux de l'arpentage et des experts, dont la décision servira de regle aux officiers de nos élections, pour prononcer sur lesdites contestations, sauf aux parties à se pourvoir par appel en nos Cours des aides.

## L V I I I.

Le cours de l'année 179... désigné pour cette vérification étant expiré, le cadastre des cantons de chaque district demeurera définitivement arrêté, et il fixera le produit général du territoire de chaque communauté, et de la propriété de chaque feu, pour établir au 1er ....... 179... la perception effective de l'impôt territorial et de la taille réelle, conformément aux principes établis dans notre édit du mois d...... de la présente année.

Terme de la vérification du cadastre, avec l'époque de l'établissement réel de l'impôt territorial.

## L I X.

En cas d'une augmentation ou d'une dégradation marquée dans la valeur des biens d'une propriété particuliere, soit par bonification ou par cause de calamité publique, de décrets forcés, ou d'abandon de culture, il sera ordonné sur la requête des communautés ou des propriétaires de chaque bien, et par délibération des assemblées provinciales, une descente d'experts, pour procéder à une nouvelle estimation desdits biens, et les placer à leur taux dans l'état de l'alivrement du cadastre de la communauté; suivant la nouvelle appréciation de leur produit, dont l'augmentation ou la diminution des impôts sera répartie au marc la £ sur tous les feux de la communauté.

Moyen d'empêcher la variation de l'impôt territorial, occasionné par l'augmentation ou la dégradation des biens.

## L X.

Tous acquéreurs des biens cadastrés en feront la déclaration devant les syndics des communautés, pour que le nom de l'acquéreur et la valeur desdits biens soient substitués dans l'état du cadastre à ceux du vendeur: et l'état de ce changement sera remis par

Rectification du cadastre.

les syndics au collecteur de la communauté, qui sera tenu de le donner au receveur de l'élection, pour être envoyé par lui au greffe de l'assemblée provinciale de la généralité, où il sera inscrit à mi-marge du registre du cadastre général de la communauté.

LXI.

*MANIERE D'ÉTABLIR ET D'ASSURER LA PERCEPTION DES NOUVEAUX IMPOTS, JUSQU'A LA CONFECTION DU CADASTRE.*

En attendant la confection entiere du cadastre des terres, nous voulons qu'on établisse provisoirement au 1er ....... 178... le cours de la perception de l'impôt territorial, sur le pied de 70 millions; et celui de la perception de la taille réelle, sur le pied de 140 millions, dont nous nous réservons particulierement la répartition, sur toutes les généralités de nos provinces d'élection et pays conquis, au marc la £ de leurs vingtiemes et de leur taille actuelle.

LXII.

En conséquence, nous ordonnons à nos commissaires départis et aux assemblées provinciales de ces provinces, ainsi qu'aux communautés des différentes élections, de se conformer, pour la répartition et la perception provisoire desdits impôts, au 1er ..... 178... à tout ce qui est prescrit à cet égard, dans les articles L, LI, LII, LIII, LIV et LV de notre édit du mois d....... de la présente année.

LXIII.

*PERCEPTION DES IMPOTS SUR LES IMMEUBLES EN MAISONS, DANS LES VILLES ET DANS LES CAMPAGNES.*

Les impôts qui sont établis sur les immeubles des maisons inutiles au service de l'agriculture, commenceront à être perçus dans toutes les villes et campagnes de nos provinces d'élection et pays conquis, au 1er .......... 178.... en valeur de vingtiemes, de

subvention

subvention générale, et de sous pour £, en rachat des gabelles, conformément à ce qui est ordonné par les articles XXVII, XXXVI, XXXVII, XXXVIII, XXXIX, XL et XLI de notre édit du mois d....... de la présente année.

## L X I V.

Perception des impôts sur les bourgeois, les artisans, les ouvriers, les journaliers et les manouvriers, dans les bourgs et dans les villages.

Les locataires des maisons des bourgs et des villages de nos provinces d'élection et pays conquis, inutiles au service de l'agriculture, qui sont établis dans les campagnes, sous le nom de bourgeois, d'artisans, d'ouvriers, de journaliers, ou de manouvriers, remplaceront au 1er ....... 178... leurs impôts actuels par la subvention générale et les sous pour £ du rachat des gabelles, conformément à ce qui est ordonné par les articles XXXVI, XXXVII, XXXVIII, XXXIX, XL et XLI de notre édit du mois d ....... de la présente année.

## L X V.

Cautionnement des communautés, pour assurer la recette des impôts.

Ces principes et ces bases une fois établis, pour assurer et détruire l'arbitraire de la perception des impôts actuels, les communautés nous répondront, chacune en particulier, du payement de leurs impositions entre les mains de leurs syndics et de leurs collecteurs, qui répondront aussi, chacun en particulier, des deniers de leur collecte, aux assemblées provinciales, dont ils seront comptables envers leurs communautés.

## L X V I.

Voulons qu'à l'échéance de chaque quartier, les collecteurs portent au receveur de l'élection le montant de la recette des impositions payées, avec l'état

*FORME DES POURSUITES CONTRE LES COLLECTEURS, LES SYNDICS ET LES CONTRIBUABLES EN RETARD.*

de celles qui resteront dues; et à l'avenir, les receveurs des élections ne pourront décerner des contraintes que contre les collecteurs qui les feront signifier aux syndics, pour avoir leur action contre les contribuables en retard, au nom de leurs communautés.

LXVII.

LAISSONS à l'équité des assemblées provinciales de fixer les frais desdites contraintes, suivant la situation des lieux; et les autorisons à retenir un quart du montant de chaque contrainte, dont il sera fait chaque année un fond de réserve, entre les mains du trésorier général de chaque généralité, pour payer les intérêts des emprunts qu'il sera autorisé de faire à chaque terme, afin de couvrir chaque année les impôts arriérés, et d'assurer invariablement la recette en notre trésor royal.

LXVIII.

ORDONNONS aux officiers de justice, chargés de l'exécution des contraintes, de se conduire de maniere à ce qu'aucun de nos sujets ne soit exposé à la moindre vexation : objet que nous recommandons expressément à la surveillance de nos procureurs généraux en nos Cours des aides, et à leurs substituts dans les élections.

LXIX.

*DÉCLARATION DES BAUX ET DE LA VALEUR DES IMMEUBLES EN MAISONS.*

LES propriétaires et locataires des maisons sujettes à l'impôt de subvention générale, dans les villes et dans les campagnes, seront tenus de remettre avant le 1er ........ 178... aux syndics et aux collecteurs de leur paroisse, l'état de leurs baux, ou de faire leur déclaration sur l'estimation de la valeur desdites maisons.

LXX.

La déclaration des propriétaires des maisons en bâtisse, en réparation, ou sans loyer, qui seront exemptes de la subvention, se fera devant les receveurs des impositions des villes ; et dans les campagnes, devant les collecteurs des paroisses, dont il sera fait état par le receveur de chaque élection, qui l'enverra au greffe de l'assemblée provinciale de la généralité, où il sera enregistré.

LXXI.

Estimations.

En cas de contestation entre les syndics et les collecteurs, sur le revenu et la valeur des immeubles en maisons, notre commissaire départi nommera un expert pour faire l'estimation desdites maisons ; et les propriétaires en nommeront aussi un à leurs frais, qui dresseront leurs procès verbaux séparément.

LXXII.

Décisions arbitrales.

D'après cette estimation, les commissaires des cantons de chaque district en feront le rapport devant l'assemblée provinciale, qui prononcera arbitralement; et voulons que cette décision ait provisoirement son exécution, sauf aux parties à se pourvoir aux élections, et par appel, en nos Cours des aides.

LXXIII.

*Honoraires des commissaires chargés du cadastre.*

Les commissaires des cantons de chaque district, chargés de l'inspection du cadastre des terres de leurs communautés, toucheront annuellement 1200# d'honoraires, pour les dédommager de leurs déplacemens;

et ils leur seront payés, de six mois en six mois, par le trésorier général de la généralité.

## LXXIV.

Estimations des experts-estimateurs des biens.

AUTORISONS les assemblées provinciales à régler les vacations des experts qui seront nommés pour l'arpentage et l'estimation des biens : lesdites vacations seront payées par les propriétaires à tant l'arpent, et remboursées auxdits experts, à la premiere demande des syndics de chaque paroisse, qui seront autorisés à en faire extraordinairement la poursuite.

## LXXV.

*DÉCLARATION SUR LES IMMEUBLES EN MAISONS, DANS LA VILLE DE PARIS.*

DANS la ville de Paris, les déclarations prescrites d'ici au 1er ....... 178... par l'article LXIX de la présente déclaration, seront faites aux conseillers quartiniers, et aux receveurs des impositions de chaque quartier, conformément à l'article XXXIX de notre édit du mois d....... de la présente année.

## LXXVI.

Dans la banlieue.

DANS la banlieue de Paris, les déclarations seront faites aux collecteurs des communautés, qui les remettront au receveur de leur élection.

## LXXVII.

Estimation.

LES contestations qui s'éleveront sur l'estimation de la valeur des maisons de la ville de Paris, seront portées devant l'assemblée provinciale de ladite ville, qui nommera un nouvel expert, ainsi que les parties intéressées; et, d'après leur rapport affirmé, l'assemblée prononcera arbitralement sur lesdites contestations, sauf aux parties à se pourvoir en l'élection, et par appel, en notre Cour des aides.

LXXVIII.

FORME DU RECOUVREMENT DES NOUVEAUX IMPOTS.

LA levée des nouveaux impôts, sous la dénomination d'*impôt territorial*, de *taille réelle*, de *subvention générale* et de *sous pour £ en rachat des gabelles*, se fera dans nos provinces en pays d'élection et pays conquis, par les syndics de chaque communauté, et par quartier de trois mois en trois mois, à compter du 1er...... 178...

LXXIX.

Recette des syndics.

LES syndics remettront au collecteur de leur communauté l'argent, au fur et à mesure qu'ils toucheront les deniers de leur recette.

LXXX.

Recette des collecteurs.

LES collecteurs remettront au receveur de leur élection l'argent, au fur et à mesure qu'ils recevront des syndics de leur communauté.

LXXXI.

Recette des receveurs.

LES receveurs remettront au trésorier général de la province les sommes qu'ils auront reçues des collecteurs, au fur et à mesure de leur recette.

LXXXII.

Recette des trésoriers généraux.

LES trésoriers généraux verseront à leurs frais, et tous les quatre mois, dans notre trésor royal, tous les impôts qu'ils auront en recette.

LXXXIII.

EMPRUNTS PUBLICS DESTINÉS A COUVRIR L'ARRIÈRE DES IMPOTS.

POUR assurer tous les six mois à la caisse de notre trésor royal le produit des impôts échus, et afin que rien ne puisse arrêter le cours de la recette des revenus de l'État, le trésorier général de chaque généralité sera autorisé à faire emprunt sur la place, à cinq pour cent, des sommes qui seront arriérées.

LXXXIV.

Le montant de ces emprunts sera déterminé tous les cinq mois, par une déclaration publique du bureau intermédiaire de l'assemblée provinciale de chaque généralité; et les billets des trésoriers généraux, pour ces emprunts, seront visés par le greffier de ladite chambre.

LXXXV.

L'intérêt de ces sommes empruntées, sera pris sur le quart du produit des contraintes qu'il sera indispensable de décerner contre les contribuables en retard, comme il est expliqué aux articles LXVI et LXVII de la présente déclaration.

LXXXVI.

*EMOLUMENS DES SYNDICS ET DES COLLECTEURS.*

Les collecteurs retiendront un sou pour £ sur toutes les sommes qu'ils remettront au receveur de l'élection; et ces sous pour £ seront partagés par tiers égal entre le collecteur et les deux syndics de chaque communauté.

LXXXVII.

Emolumens des receveurs des élections.

Les receveurs des élections retiendront demi pour cent sur les sommes qu'ils remettront, à leurs frais, au trésorier général de la généralité.

LXXXVIII.

Emolumens des trésoriers généraux.

Les trésoriers généraux retiendront un demi pour cent sur le montant de leur recette, pour leurs taxations et les frais de leurs remises d'argent en notre trésor royal.

## LXXXIX.

Les receveurs des impositions de la ville de Paris retiendront un pour cent sur les sommes qu'ils verseront directement dans notre trésor royal, au fur et à mesure de leur recette; et ils auront 10,000# de gratification annuelle pour les frais de leur perception, dont ils feront aussi la retenue par quartier, sur le montant de leur recette.

Emolumens des receveurs de la ville de Paris.

## X C.

Les trésoriers généraux des provinces seront annuellement déchargés de leurs remises d'argent en notre trésor royal, par l'assemblée provinciale de leur généralité, sur les reçus des gardes de notre trésor royal.

*COMPTABILITÉ GÉNÉRALE.*

Trésoriers généraux.

## X C I.

Les receveurs des élections seront déchargés de leur comptabilité annuelle, par l'assemblée provinciale, sur les reçus du trésorier général de la généralité.

Receveurs des élections.

## X C I I.

Les collecteurs seront déchargés de leur comptabilité annuelle, par leurs communautés, sur les quittances du receveur de l'élection; et les syndics le seront de même sur les reçus des collecteurs.

Syndics et collecteurs.

## X C I I I.

Les receveurs des impositions de la ville de Paris seront déchargés de leur comptabilité annuelle, par l'assemblée provinciale de ladite ville, sur les reçus des gardes de notre trésor royal.

Receveurs des impositions de la ville de Paris.

## XCIV.

Gardes du trésor royal.

Les gardes de notre trésor royal conserveront la forme de leur comptabilité ordinaire ; ils recevront dans leurs caisses les remises de tous les impôts qui n'auront pas d'assignation particuliere sur les trésoriers généraux de nos provinces, auxquels elles serviront aussi de décharge vis-à-vis les assemblées provinciales.

## XCV.

Assemblée provinciale.

Les comptes de toutes les recettes de nos provinces en pays d'élection et pays conquis, les reçus des gardes de notre trésor royal, et les assignations particulieres données par nous sur les trésoriers généraux, seront tous les deux ans présentés, par l'assemblée provinciale de chaque généralité, à nos chambres des comptes, qui en feront la vérification, pour leur en donner décharge ; et l'expédition en sera envoyée au greffe de notre chambre des comptes de Paris, qui aura le dépôt de la comptabilité générale du Royaume.

## XCVI.

*Exemptions.*

Les députés du tiers-état des assemblées provinciales, les receveurs des élections, les collecteurs et les syndics des communautés jouiront, pendant le temps de leur exercice, de l'exemption de la milice pour leurs enfans, et seront eux-mêmes exempts de logement de gens de guerre, de tutelle et de curatelle.

## XCVII.

*Division des pays conquis, par bailliages, comme pour les pays d'élection.*

Ordonnons que tout ce qui est exprimé dans la présente déclaration, selon la division de la France, par élection, soit exécuté dans les pays conquis, selon

selon leur division, par villes et par bailliages, et de même dans les pays cadastrés.

## XCVIII.

*LIMITES DES POUVOIRS ET DES FONCTIONS DES DÉPUTÉS DES ASSEMBLÉES PROVINCIALES.*

VOULONS que les députés qui composeront les assemblées provinciales se renferment dans les fonctions prescrites par notre présente déclaration, et qu'ils aient à s'y conformer; leur faisant très-expresses défenses de s'attribuer, en aucune maniere, et sous aucun prétexte, de nous faire des représentations sur le fait des impôts, et de se mêler en rien des enregistremens attribués à nos Cours; les restreignant aux objets essentiels de la répartition, de la perception et de la comptabilité des différentes impositions, conformément à notre édit du mois d...... de la présente année.

## XCIX.

LES provinces d'États et le clergé se conformeront aux principes ordonnés dans la présente déclaration, pour exécuter leur cadastre, et déterminer l'établissement provisoire de la répartition et de la perception de leurs vingtiemes, d'ici au 1er janvier 178...

## C.

LES provinces du Dauphiné et du Hainault rentreront dans le privilége de la possession de leurs anciens États, conditionnellement qu'ils se conformeront aux principes ordonnés dans la présente déclaration pour exécuter le cadastre de leurs propriétés foncieres, et l'établissement provisoire de la répartition et de la perception de l'impôt territorial, de la taille réelle, de la subvention générale et des sous pour £ en rachat de leurs gabelles : le tout au marc la £ de leurs impôts actuels.

DÉROGEONS expressément, par ces présentes, à tous édits, déclarations, lettres-patentes et arrêts, à ce contraires.

SI DONNONS EN MANDEMENT, &c.

*Nota.* S'il était vrai que l'intention du Gouvernement fut de transformer les assemblées provinciales en pays d'Etats, alors on se féliciterait d'avoir prévu cette nécessité dans le *Corollaire* sur les assemblées provinciales : leur composition pourrait même convenir à celle qu'on donnera aux pays d'Etats, en les formant des trois ordres, pour se rapprocher davantage de la constitution du Royaume.

# TABLEAU

*Qui présente la nouvelle recette et dépense, l'état des capitaux, des intérêts et des remboursemens de la dette publique, avec l'état des frais de la perception des nouveaux impôts, et des dépenses de l'administration des assemblées provinciales.*

# ETAT DES FRAIS DE LA PERCEPTION DES NOUVEAUX IMPOTS,

## ET DES DÉPENSES DE L'ADMINISTRATION DES VINGT-SEPT ASSEMBLÉES PROVINCIALES DES PAYS D'ÉLECTION ET PAYS CONQUIS.

| | | | |
|---|---|---|---|
| Frais de perception de la généralité et banlieue de Paris, 781,000# | Les receveurs des impositions de la ville de Paris retiendront un pour cent sur leurs remises au trésor royal. | | |
| | Un pour cent sur la recette de 30 millions 200 mille £ que produiront les impositions de Paris, coûtera . . . . . . | 302,000# | |
| | Plus, à chacun des vingt receveurs 10,000# de gratification annuelle, pour les frais de perception dont ils seront chargés. . | 200,000 | |
| | Les collecteurs de la banlieue de Paris retiendront 1s pour £ sur leurs recettes, dont 4d pour eux, et 8d pour les syndics. | | |
| | 1s pour £ sur la recette de la banlieue de Paris, estimée 4 millions, coûtera. . . . . . . . . . . . . . . . . | 200,000 | 781,000# |
| | Les receveurs de la banlieue de Paris retiendront demi pour cent sur leurs remises au trésor royal. | | |
| | Un demi pour cent sur la recette de 3 millions 800 mille livres, déduction faite des 200 mille livres, appartenant aux collecteurs et aux syndics, coûtera . . . . . . . . . . . . . . . | 19,000 | |
| | Aux 20 conseillers quartiniers de la ville de Paris, qui aideront les receveurs dans les fonctions de leurs recettes, à chacun 3000# par an . . . . . . . . . . . . . . . . . . | 60,000 | |

| | | | |
|---|---|---|---|
| Frais de perception des généralités en pays d'élection et pays conquis, 18,940,555# | Les collecteurs des généralités en pays d'élection et pays conquis retiendront 1s pour £ sur leurs recettes, dont 4d pour eux, et 8d pour les syndics. | | |
| | 1s pour £ sur tous les produits des recettes générales, qui monteront à 319 millions 800 mille £, coûtera . . . . . . | 15,990,000 | |
| | Les receveurs des élections retiendront demi pour cent sur leurs remises au trésorier général de leur généralité. | | |
| | Un demi pour cent sur la recette des 303 millions 810 mille £, déduction faite des 15 millions 990 mille £ appartenant aux collecteurs et aux syndics, coûtera . . . . . . . . . . . | 1,519,050 | 18,940,555 |
| | Les trésoriers généraux de chaque généralité retiendront demi pour cent sur leurs remises au trésor royal. | | |
| | Un demi pour cent sur la recette de 286,300,950# déduction faite des 17,509,050# appartenant aux collecteurs, aux syndics et aux receveurs des élections, coûtera . . . . . . . . . . | 1,431,505 | |
| | Total. . . . . . . . . . . . . . . . . . . . . . | | 19,721,555# |

| | | | |
|---|---|---|---|
| | Transport . . . . . . . . . . . . . . . . . . . | | 19,721,555# |
| Dépenses de l'administration des assemblées provinciales. 16,228,165# | Aux évêques et députés du clergé, il sera présenté, tous les ans, à chacun une bourse de 40 jetons d'or, aux dépens du clergé de chaque élection, et non à la charge de l'administration des provinces. . . . . . . . . . . . . . . . . . . . | pour mémoire. | |
| | Aux 26 gouverneurs ou commandans dans les provinces d'élection et pays conquis, comme commissaires du Roi, dans les assemblées provinciales, à chacun 12,000# de gratification annuelle. . | 312,000# | |
| | Aux 26 commissaires départis dans lesdites provinces, à chacun 24,000# d'appointemens par an. . . . . . . . . . . . . | 624,000 | |
| | Aux 14 présidens de la noblesse, qui seront élus par moitié avec le clergé, pour présider les assemblées provinciales des provinces d'élection et pays conquis, à chacun 12,000# de gratification annuelle . . . . . . . . . . . . . . . . . . | 168,000 | |
| | Aux 26 procureurs généraux syndics des assemblées provinciales, à chacun 6000# d'appointemens par an. . . . . . . . . . | 156,000 | |
| | Aux 660 députés de la noblesse, qui composeront les assemblées provinciales, à chacun 40 jetons d'or, du prix de 24#. . . . . | 633,600 | |
| | Aux 26 maires procureurs syndics du tiers-état, à chacun 3000# d'appointemens par an . . . . . . . . . . . . . | 78,000 | |
| | Aux 660 députés du tiers-état, qui composeront les assemblées provinciales, à chacun 20 jetons d'or, du prix de 24#. . . . . | 316,800 | 16,228,165 |
| | Aux 208 députés des bureaux qui composeront les commissions intermédiaires des assemblées provinciales, à chacun 1200# d'appointemens par an. . . . . . . . . . . . . . . . . . | 249,600 | |
| | Aux 3960 chefs de district, et commissaires des différens cantons, nommés pour inspecter le cadastre des terres des élections et bailliages, régies par les assemblées provinciales, à chacun 1200# d'appointemens par an. . . . . . . . . . . . . . . . . | 4,752,000 | |
| | Aux 26 greffiers secrétaires desdites assemblées provinciales, à chacun 3000# d'appointemens par an. . . . . . . . . . | 78,000 | |
| | Frais des 26 bureaux desdites assemblées provinciales, à chacun 12,000# par an. . . . . . . . . . . . . . . . . . | 312,000 | |
| | Frais d'experts à payer sur les impôts de chaque province, par les assemblées provinciales, pour les frais de l'estimation des terres, dont le cadastre déterminera la valeur pour le compte du Roi. . . | 4,367,255 | |
| | Fonds qui resteront en réserve, pour être affectés, par les assemblées provinciales, aux indemnités annuelles des calamités publiques de feu, grêle et autres cas fortuits, sur le pied de 200 mille £ par généralité. . . . . . . . . . . . . . . . . . . | 4,180,910 | |

| | | | |
|---|---|---|---|
| Frais de l'administration de l'assemblée provinciale de la ville et de la banlieue de Paris. 50,280# | Au prévôt des marchands, comme président de l'assemblée provinciale de la ville et de la généralité de Paris, en gratification annuelle. . . . . . . . . . . . . . . . . . . | 12,000 | |
| | Au procureur général syndic de ladite assemblée, en appointemens par an. . . . . . . . . . . . . . . . . . . | 6,000 | |
| | Aux 12 députés de la noblesse, qui composeront cette assemblée, à chacun une bourse de 40 jetons d'or, du prix de 24#. . | 11,520 | 50,280 |
| | Aux 12 députés du tiers état, à chacun une bourse de 20 jetons d'or, du prix de 24#. . . . . . . . . . . . . . . . | 5,760 | |
| | Au greffier secrétaire de l'assemblée, en appointemens par an. | 3,000 | |
| | Frais de bureau de ladite assemblée. . . . . . . . . . . | 12,000 | |

| | |
|---|---|
| Total des frais de la perception et de la nouvelle administration . . . . . | 36,000,000# |

N°. 12.

# ETAT DE LA LIQUIDATION DES CAPITAUX

## DES CHARGES DE LA FINANCE ET DES EFFETS DE LA DETTE PUBLIQUE.

| | *DETTE PUBLIQUE.* | *CAPITAUX* des charges de la finance et de leurs différens cautionnemens, dans l'état actuel de l'administration. | *REMBOURSEMENS* des charges de la finance, qui seront supprimées, et de l'excédent de celles qui seront conservées dans l'état de la nouvelle administration. | | *SITUATION* des capitaux et des fonds du nouveau cautionnement des charges et places de finance, qui seront conservées. |
|---|---|---|---|---|---|
| | | | En argent comptant. | En promesses de remboursement. | |
| | Aux receveurs généraux des finances des pays d'élection et des pays conquis | 34,000,000# | | 20,000,000# | 14,000,000# |
| | Aux receveurs particuliers des finances desdites provinces, qui seront supprimés | 20,000,000 | 20,000,000# | | |
| | Aux receveurs généraux et particuliers de quelques pays d'États | 8,000,000 | | 4,000,000 | 4,000,000 |
| | Aux payeurs des rentes, et à leurs contrôleurs | 30,000,000 | | 24,000,000 | 6,000,000 |
| | Aux gardes du trésor royal | 2,400,000 | | 400,000 | 2,000,000 |
| Capitaux des charges de la finance, proprement dite. 113,200,000# | Aux trésoriers de l'extraordinaire des guerres | 3,200,000 | 3,200,000 | | |
| | Aux trésoriers de la marine et des colonies | 2,400,000 | 2,400,000 | | |
| | Au trésorier de la maison du Roi | 1,000,000 | 1,000,000 | | |
| | Au trésorier des bâtimens du Roi | 600,000 | 600,000 | | |
| | Au trésorier des ponts et chaussées — à supprimer | 800,000 | 800,000 | | |
| | Au trésorier des parties casuelles | 1,000,000 | 1,000,000 | | |
| | Au trésorier de la caisse des amortissemens | 500,000 | 500,000 | | |
| | Au trésorier du marc d'or | 500,000 | 500,000 | | |
| | Au trésorier des dépenses diverses | 400,000 | 400,000 | | |
| | Aux receveurs des impositions de la ville de Paris | 2,400,000 | | | 4,000,000 |
| | Aux agens de change | 6,000,000 | | | 6,000,000 |
| Capitaux des fonds d'avance, et du cautionnement de la finance. 193,440,000# | Aux fermiers généraux | 68,640,000 | | 48,640,000 | 20,000,000 |
| | Aux régisseurs généraux qui seront supprimés | 33,600,000 | 33,600,000 | | |
| | Aux administrateurs des domaines | 33,600,000 | | 18,600,000 | 15,000,000 |
| | Aux administrateurs des postes | 8,400,000 | | 3,400,000 | 5,000,000 |
| | Aux administrateurs des loteries | 3,000,000 | | 1,000,000 | 2,000,000 |
| | Aux fermiers de la caisse de Seaux et de Poissi | 600,000 | Remb. par 166,000# par an à la caisse des amortissemens. | | |
| | Aux régisseurs des étapes et des poudres | 3,600,000 | | 1,600,000 | 2,000,000 |
| | Aux employés des fermes et des différentes régies, dont une partie sera supprimée | 42,000,000 | 30,000,000 | | 12,000,000 |
| Capitaux des effets publics. 350,000,000# | En fonds des actions de l'ancienne compagnie des Indes | 80,000,000 | | 80,000,000 | |
| | En fonds des actions de la nouvelle compagnie des Indes. pour mémoire. | | | | |
| | En fonds des actions créées sur la caisse d'escompte | 70,000,000 | Resteront consolidées à quatre pour cent d'intérêts. | | *Nota.* On doit se ressouvenir ici que les nouveaux fonds des trésoriers généraux, des fermiers généraux, des administrateurs des domaines et des postes ne seront plus que de 500 mille livres. |
| | En rescriptions par anticipations sur les revenus actuels, et en billets des fermes, des régies et des gardes du trésor royal, en cours sur la place, estimés | 200,000,000 | 200,000,000 | | |
| | Fonds en réserve des promesses de remboursement, pour liquider les dettes arriérées et en litige | | | 98,360,000 | |
| | TOTAL du remboursement des capitaux de la dette publique, sauf erreur ou omission | 636,640,000# | 294,000,000# | 300,000,000# | 92,000,000# |

*Nota.* La suppression des charges de tous les trésoriers, devant entrer dans l'économie d'une bonne administration, leurs caisses seront réunies au trésor royal, et leurs charges seront remboursées en argent comptant.

ETAT des intérêts des capitaux de la dette publique, et des remboursemens qui sont assignés dans la caisse d'amortissement de 70 millions pour leur liquidation.

### INTERÊTS DES CAPITAUX

*ET des primes des emprunts qui ne portent point d'autres remboursemens.*

| | |
|---|---|
| INTÉRÊTS de l'emprunt de 100 millions, fait en 1782. . . . . . . . . . . . | 3,800,000# |
| Intérêts de 100 millions, fait en 1783 . | 10,500,000 |
| Intérêts de 125 millions, fait en 1784 . | 5,760,000 |
| Intérêts de 80 millions, fait en 1785 . . | 5,100,000 |
| Intérêts de 30 millions, fait en 1786 sur le domaine de la ville de Paris. . . . | 1,200,000 |
| Intérêts, à quatre pour cent, des actions de la caisse d'escompte. . . . . . . | 3,000,000 |
| Intérêts des capitaux des charges, et du cautionnement de la nouvelle finance. . | 4,600,000 |
| Intérêts dûs à divers particuliers. . . | 2,040,000 |
| TOTAL. . . . . . . . . . . . | 36,000,000# |

*Nota.* S'il se trouvait quelques erreurs dans ces différens états, elles ne peuvent porter aucun préjudice aux bases des opérations, qui donneront tous les moyens dont on a besoin pour faire face à tous les engagemens contractés.

### INTERÊTS DES CAPITAUX

*QUI seront remboursés par la caisse des amortissemens.*

| | |
|---|---|
| INTÉRÊTS des emprunts faits par les pays d'États, pour le compte du Roi . | 5,600,000# |
| Intérêts de la dette générale du clergé, de 134 millions . . . . . . . . . | 5,800,000 |
| Intérêts des emprunts faits à Genes et en Hollande, en 1781 et 1785. . . . . | 500,000 |
| Intérêts de l'emprunt de 20 millions faits en 1781 sur le domaine de la ville de Paris | 1,000,000 |
| Intérêts des loteries de 1781 et 1783 . . | 3,200,000 |
| Intérêts des charges de magistrature, de finance et de la maison du Roi, supprimées | 3,000,000 |
| Intérêts des actions des fermes . . . | 2,400,000 |
| Intérêts des annuités qui seront créées par les pays d'États, pour la libération de la dette publique . . . . . . . . | 7,500,000 |
| Intérêts des promesses de remboursement, qui seront créées pour la libération de la dette publique . . . . . . . | 12,000,000 |
| Intérêts de l'emprunt de 60 millions, qui sera constitué par le clergé, pour la libération de la dette publique . . . . | 3,000,000 |
| Intérêts des contrats de rentes qui seront créés pour la liquidation des péages . . | 4,000,000 |
| TOTAL . . . . . . . . . . . | 48,000,000# |

### APPLICATION

*DE la caisse d'amortissement, pour le remboursement et l'extinction des capitaux de la dette publique.*

| | |
|---|---|
| REMBOURSEMENS des emprunts faits par les pays d'États pour le compte du Roi | 9,600,000# |
| Remboursemens du clergé . . . . . | 4,100,000 |
| Remboursement des emprunts faits à Genes et en Hollande en 1781 et 1785. . | 3,600,000 |
| Remboursement de l'emprunt de 20 millions fait en 1781 par la ville de Paris. | 2,000,000 |
| Remboursement des loteries de 1781 et 1783 . . . . . . . . . . . . . | 9,600,000 |
| Remboursement des charges de magistrature, de la finance et de la maison du Roi, supprimées . . . . . . . . . | 9,700,000 |
| Remboursement des actions des fermes | 2,400,000 |
| Remboursement, en 10 années, des annuités qui seront créées par les pays d'États, pour la libération de la dette publique. . | 15,000,000 |
| Remboursement, en 30 années, des promesses de remboursement, qui seront créées pour la libération de la dette publique . . . . . . . . . . . . . . | 7,000,000 |
| Remboursement affecté à l'emprunt de 60 millions qui sera fait par le clergé pour la libération de la dette publique . . . | 3,000,000 |
| Remboursement des contrats au denier trente, qui seront créés pour la liquidation des péages . . . . . . . . . . . | 4,000,000 |
| TOTAL . . . . . . . . . . . | 70,000,000 |

# ETAT des intérêts des capitaux de la dette publique, et des remboursemens qui sont assignés dans la caisse d'amortissement de 70 millions pour leur liquidation.

## *INTERÊTS DES CAPITAUX*

*ET des primes des emprunts qui ne portent point d'autres remboursemens.*

|  |  |
|---|---|
| INTÉRÊTS de l'emprunt de 100 millions, fait en 1782 | 3,800,000# |
| Intérêts de 100 millions, fait en 1783 | 10,500,000 |
| Intérêts de 125 millions, fait en 1784 | 5,760,000 |
| Intérêts de 80 millions, fait en 1785 | 5,100,000 |
| Intérêts de 30 millions, fait en 1786 sur le domaine de la ville de Paris | 1,200,000 |
| Intérêts, à quatre pour cent, des actions de la caisse d'escompte | 3,000,000 |
| Intérêts des capitaux des charges, et du cautionnement de la nouvelle finance | 4,600,000 |
| Intérêts dûs à divers particuliers | 2,040,000 |
| TOTAL | 36,000,000# |

*Nota.* S'il se trouvait quelques erreurs dans ces différens états, elles ne peuvent porter aucun préjudice aux bases des opérations, qui donneront tous les moyens dont on a besoin pour faire face à tous les engagemens contractés.

## *INTERÊTS DES CAPITAUX*

*QUI seront remboursés par la caisse des amortissemens.*

|  |  |
|---|---|
| INTÉRÊTS des emprunts faits par les pays d'États, pour le compte du Roi | 5,600,000# |
| Intérêts de la dette générale du clergé, de 134 millions | 5,800,000 |
| Intérêts des emprunts faits à Genes et en Hollande, en 1781 et 1785 | 500,000 |
| Intérêts de l'emprunt de 20 millions faits en 1781 sur le domaine de la ville de Paris | 1,000,000 |
| Intérêts des loteries de 1781 et 1783 | 3,200,000 |
| Intérêts des charges de magistrature, de finance et de la maison du Roi, supprimées | 3,000,000 |
| Intérêts des actions des fermes | 2,400,000 |
| Intérêts des annuités qui seront créées par les pays d'États, pour la libération de la dette publique | 7,500,000 |
| Intérêts des promesses de remboursement, qui seront créées pour la libération de la dette publique | 12,000,000 |
| Intérêts de l'emprunt de 60 millions, qui sera constitué par le clergé, pour la libération de la dette publique | 3,000,000 |
| Intérêts des contrats de rentes qui seront créés pour la liquidation des péages | 4,000,000 |
| TOTAL | 48,000,000# |

## *APPLICATION*

*DE la caisse d'amortissement, pour le remboursement et l'extinction des capitaux de la dette publique.*

|  |  |
|---|---|
| REMBOURSEMENS des emprunts faits par les pays d'États pour le compte du Roi | 9,600,000# |
| Remboursemens du clergé | 4,100,000 |
| Remboursement des emprunts faits à Genes et en Hollande en 1781 et 1785 | 3,600,000 |
| Remboursement de l'emprunt de 20 millions fait en 1781 par la ville de Paris | 2,000,000 |
| Remboursement des loteries de 1781 et 1783 | 9,600,000 |
| Remboursement des charges de magistrature, de la finance et de la maison du Roi, supprimées | 9,700,000 |
| Remboursement des actions des fermes | 2,400,000 |
| Remboursement, en 10 années, des annuités qui seront créées par les pays d'États, pour la libération de la dette publique | 15,000,000 |
| Remboursement, en 30 années, des promesses de remboursement, qui seront créées pour la libération de la dette publique | 7,000,000 |
| Remboursement affecté à l'emprunt de 60 millions qui sera fait par le clergé pour la libération de la dette publique | 3,000,000 |
| Remboursement des contrats au denier trente, qui seront créés pour la liquidation des péages | 4,000,000 |
| TOTAL | 70,000,000 |

# ETAT DES FRAIS DE LA PERCEPTION DES NOUVEAUX IMPOTS,

## ET DES DÉPENSES DE L'ADMINISTRATION DES VINGT-SEPT ASSEMBLÉES PROVINCIALES DES PAYS D'ÉLECTION ET PAYS CONQUIS.

| | | | |
|---|---|---|---|
| Frais de perception de la généralité et banlieue de Paris, 781,000* | LES receveurs des impositions de la ville de Paris retiendront un pour cent sur leurs remises au trésor royal. | | |
| | Un pour cent sur la recette de 30 millions 200 mille £ que produiront les impositions de Paris, coûtera | 302,000* | |
| | Plus, à chacun des vingt receveurs 10,000* de gratification annuelle, pour les frais de perception dont ils seront chargés. | 200,000 | |
| | LES collecteurs de la banlieue de Paris retiendront 1ˢ pour £ sur leurs recettes, dont 4ᵈ pour eux, et 8ᵈ pour les syndics. | | |
| | 1ˢ pour £ sur la recette de la banlieue de Paris, estimée 4 millions, coûtera. | 200,000 | 781,000* |
| | LES receveurs de la banlieue de Paris retiendront demi pour cent sur leurs remises au trésor royal. | | |
| | Un demi pour cent sur la recette de 3 millions 800 mille livres, déduction faite des 200 mille livres, appartenant aux collecteurs et aux syndics, coûtera. | 19,000 | |
| | Aux 20 conseillers quartiniers de la ville de Paris, qui aideront les receveurs dans les fonctions de leurs recettes, à chacun 3000* par an | 60,000 | |
| Frais de perception des généralités en pays d'élection et pays conquis, 18,940,555* | LES collecteurs des généralités en pays d'élection et pays conquis retiendront 1ˢ pour £ sur leurs recettes, dont 4ᵈ pour eux, et 8ᵈ pour les syndics. | | |
| | 1ˢ pour £ sur tous les produits des recettes générales, qui monteront à 319 millions 800 mille £, coûtera | 15,990,000 | |
| | LES receveurs des élections retiendront demi pour cent sur leurs remises au trésorier général de leur généralité. | | |
| | Un demi pour cent sur la recette des 303 millions 810 mille £, déduction faite des 15 millions 990 mille £ appartenant aux collecteurs et aux syndics, coûtera | 1,519,050 | 18,940,555 |
| | LES trésoriers généraux de chaque généralité retiendront demi pour cent sur leurs remises au trésor royal. | | |
| | Un demi pour cent sur la recette de 286,300,950* déduction faite des 17,509,050* appartenant aux collecteurs, aux syndics et aux receveurs des élections, coûtera | 1,431,505 | |
| | Total | | 19,721,555* |

| | | | |
|---|---|---|---|
| | TRANSPORT | | 19,721,555* |
| Dépenses de l'administration des assemblées provinciales. 16,228,165* | AUX évêques et députés du clergé, il sera présenté, tous les ans, à chacun une bourse de 40 jetons d'or, aux dépens du clergé de chaque élection, et non à la charge de l'administration des provinces. | pour mémoire. | |
| | Aux 26 gouverneurs ou commandans dans les provinces d'élection et pays conquis, comme commissaires du Roi, dans les assemblées provinciales, à chacun 12,000* de gratification annuelle. | 312,000* | |
| | Aux 26 commissaires départis dans lesdites provinces, à chacun 24,000* d'appointemens par an. | 624,000 | |
| | Aux 14 présidens de la noblesse, qui seront élus par moitié avec le clergé, pour présider les assemblées provinciales des provinces d'élection et pays conquis, à chacun 12,000* de gratification annuelle | 168,000 | |
| | Aux 26 procureurs généraux syndics des assemblées provinciales, à chacun 6000* d'appointemens par an. | 156,000 | |
| | Aux 660 députés de la noblesse, qui composeront les assemblées provinciales, à chacun 40 jetons d'or, du prix de 24*. | 633,600 | |
| | Aux 26 maires procureurs syndics du tiers-état, à chacun 3000* d'appointemens par an | 78,000 | |
| | Aux 660 députés du tiers-état, qui composeront les assemblées provinciales, à chacun 20 jetons d'or, du prix de 24*. | 316,800 | 16,228,165 |
| | Aux 208 députés des bureaux qui composeront les commissions intermédiaires des assemblées provinciales, à chacun 1200* d'appointemens par an. | 249,600 | |
| | Aux 3960 chefs de district, et commissaires des différens cantons, nommés pour inspecter le cadastre des terres des élections et bailliages, régies par les assemblées provinciales, à chacun 1200* d'appointemens par an. | 4,752,000 | |
| | Aux 26 greffiers secrétaires desdites assemblées provinciales, à chacun 3000* d'appointemens par an. | 78,000 | |
| | Frais des 26 bureaux desdites assemblées provinciales, à chacun 12,000* par an. | 312,000 | |
| | Frais d'experts à payer sur les impôts de chaque province, par les assemblées provinciales, pour les frais de l'estimation des terres, dont le cadastre déterminera la valeur pour le compte du Roi. | 4,367,255 | |
| | Fonds qui resteront en réserve, pour être affectés, par les assemblées provinciales, aux indemnités annuelles des calamités publiques de feu, grêle et autres cas fortuits, sur le pied de 200 mille £ par généralité. | 4,180,910 | |
| Frais de l'administration de l'assemblée provinciale de la ville et de la banlieue de Paris. 50,280* | AU prévôt des marchands, comme président de l'assemblée provinciale de la ville et de la généralité de Paris, en gratification annuelle. | 12,000 | |
| | Au procureur général syndic de ladite assemblée, en appointemens par an. | 6,000 | |
| | Aux 12 députés de la noblesse, qui composeront cette assemblée, à chacun une bourse de 40 jetons d'or, du prix de 24*. | 11,520 | 50,280 |
| | Aux 12 députés du tiers état, à chacun une bourse de 20 jetons d'or, du prix de 24*. | 5,760 | |
| | Au greffier secrétaire de l'assemblée, en appointemens par an. | 3,000 | |
| | Frais de bureau de ladite assemblée. | 12,000 | |
| | TOTAL des frais de la perception et de la nouvelle administration | | 36,000,000* |

No. 12.

# ETAT DE LA LIQUIDATION DES CAPITAUX

## DES CHARGES DE LA FINANCE ET DES EFFETS DE LA DETTE PUBLIQUE.

| | DETTE PUBLIQUE. | CAPITAUX des charges de la finance et de leurs différens cautionnemens, dans l'état actuel de l'administration. | REMBOURSEMENS des charges de la finance, qui seront supprimées, et de l'excédent de celles qui seront conservées dans l'état de la nouvelle administration. | | SITUATION des capitaux et des fonds du nouveau cautionnement des charges et places de finance, qui seront conservées. |
|---|---|---|---|---|---|
| | | | En argent comptant. | En promesses de remboursement. | |
| | Aux receveurs généraux des finances des pays d'élection et des pays conquis | 34,000,000# | . . . . . . . | 20,000,000# | 14,000,000# |
| | Aux receveurs particuliers des finances desdites provinces, qui seront supprimés | 20,000,000 | 20,000,000# | | |
| | Aux receveurs généraux et particuliers de quelques pays d'États | 8,000,000 | . . . . . . . | 4,000,000 | 4,000,000 |
| | Aux payeurs des rentes, et à leurs contrôleurs | 30,000,000 | . . . . . . . | 24,000,000 | 6,000,000 |
| | Aux gardes du trésor royal | 2,400,000 | . . . . . . . | 400,000 | 2,000,000 |
| Capitaux des charges de la finance, proprement dite. 123,200,000# | Aux trésoriers de l'extraordinaire des guerres | 3,200,000 | 3,200,000 | | |
| | Aux trésoriers de la marine et des colonies | 2,400,000 | 2,400,000 | | |
| | Au trésorier de la maison du Roi | 1,000,000 | 1,000,000 | | |
| | Au trésorier des bâtimens du Roi | 600,000 | 600,000 | | |
| | Au trésorier des ponts et chaussées — à supprimer | 800,000 | 800,000 | | |
| | Au trésorier des parties casuelles | 1,000,000 | 1,000,000 | | |
| | Au trésorier de la caisse des amortissemens | 500,000 | 500,000 | | |
| | Au trésorier du marc d'or | 500,000 | 500,000 | | |
| | Au trésorier des dépenses diverses | 400,000 | 400,000 | | |
| | Aux receveurs des impositions de la ville de Paris | 2,400,000 | . . . . . . . | . . . . . . . | 4,000,000 |
| | Aux agens de change | 6,000,000 | . . . . . . . | . . . . . . . | 6,000,000 |
| Capitaux des fonds d'avance, et du cautionnement de la finance. 193,440,000# | Aux fermiers généraux | 68,640,000 | . . . . . . . | 48,640,000 | 20,000,000 |
| | Aux régisseurs généraux qui seront supprimés | 33,600,000 | 33,600,000 | | |
| | Aux administrateurs des domaines | 33,600,000 | . . . . . . . | 18,600,000 | 15,000,000 |
| | Aux administrateurs des postes | 8,400,000 | . . . . . . . | 3,400,000 | 5,000,000 |
| | Aux administrateurs des loteries | 3,000,000 | . . . . . . . | 1,000,000 | 2,000,000 |
| | Aux fermiers de la caisse de Seaux et de Poissi | 600,000 | Remb. par 166,000# par an à la caisse des amortissemens. | | |
| | Aux régisseurs des étapes et des poudres | 3,600,000 | . . . . . . . | 1,600,000 | 2,000,000 |
| | Aux employés des fermes et des différentes régies, dont une partie sera supprimée | 42,000,000 | 30,000,000 | . . . . . . . | 12,000,000 |
| Capitaux des effets publics. 350,000,000# | En fonds des actions de l'ancienne compagnie des Indes | 80,000,000 | . . . . . . . | 80,000,000 | *Nota.* On doit se ressouvenir ici que les nouveaux fonds des trésoriers généraux, des fermiers généraux, des administrateurs des domaines et des postes ne seront plus que de 500 mille livres. |
| | En fonds des actions de la nouvelle compagnie des Indes. . pour mémoire. | | | | |
| | En fonds des actions créées sur la caisse d'escompte | 70,000,000 | Resteront consolidées à quatre pour cent d'intérêt. | | |
| | En rescriptions par anticipations sur les revenus actuels, et en billets des fermes, des régies et des gardes du trésor royal, en cours sur la place, estimés | 200,000,000 | 200,000,000 | | |
| | Fonds en réserve des promesses de remboursement, pour liquider les dettes arriérées et en litige | . . . . . . . | . . . . . . . | 98,360,000 | |
| | TOTAL du remboursement des capitaux de la dette publique, sauf erreur ou omission | 656,640,000# | 294,000,000# | 300,000,000# | 92,000,000# |

*Nota.* La suppression des charges de tous les trésoriers, devant entrer dans l'économie d'une bonne administration, leurs caisses seront réunies au trésor royal, et leurs charges seront remboursées en

ETAT des intérêts des capitaux de la dette publique, et des remboursemens qui sont assignés dans la caisse d'amortissement de 70 millions pour leur liquidation.

| *INTERÊTS DES CAPITAUX* ET *des primes des emprunts qui ne portent point d'autres remboursemens.* | |
|---|---|
| INTÉRÊTS de l'emprunt de 100 millions, fait en 1782. . . . . . . . . . . . | 3,800,000# |
| Intérêts de 100 millions, fait en 1783 . | 10,500,000 |
| Intérêts de 125 millions, fait en 1784 . | 5,760,000 |
| Intérêts de 80 millions, fait en 1785 . . | 5,100,000 |
| Intérêts de 30 millions, fait en 1786 sur le domaine de la ville de Paris. . . . | 1,200,000 |
| Intérêts, à quatre pour cent, des actions de la caisse d'escompte. . . . . . . | 3,000,000 |
| Intérêts des capitaux des charges, et du cautionnement de la nouvelle finance. . | 4,600,000 |
| Intérêts dûs à divers particuliers. . . | 2,040,000 |
| TOTAL. . . . . . . . . . . . | 36,000,000# |

*Nota.* S'il se trouvait quelques erreurs dans ces différens états, elles ne peuvent porter aucun préjudice aux bases des opérations, qui donneront tous les moyens dont on a besoin pour faire face à tous les engagemens contractés.

| *INTERÊTS DES CAPITAUX* QUI *seront remboursés par la caisse des amortissemens.* | |
|---|---|
| INTÉRÊTS des emprunts faits par les pays d'États, pour le compte du Roi . | 5,600,000# |
| Intérêts de la dette générale du clergé, de 134 millions . . . . . . . . . . | 5,800,000 |
| Intérêts des emprunts faits à Genes et en Hollande, en 1781 et 1785. . . . . . | 500,000 |
| Intérêts de l'emprunt de 20 millions faits en 1781 sur le domaine de la ville de Paris | 1,000,000 |
| Intérêts des loteries de 1781 et 1783 . . | 3,200,000 |
| Intérêts des charges de magistrature, de finance et de la maison du Roi, supprimées | 3,000,000 |
| Intérêts des actions des fermes . . . | 2,400,000 |
| Intérêts des annuités qui seront créées par les pays d'États, pour la libération de la dette publique . . . . . . . . | 7,500,000 |
| Intérêts des promesses de remboursement, qui seront créées pour la libération de la dette publique . . . . . . . | 12,000,000 |
| Intérêts de l'emprunt de 60 millions, qui sera constitué par le clergé, pour la libération de la dette publique . . . . | 3,000,000 |
| Intérêts des contrats de rentes qui seront créés pour la liquidation des péages . . | 4,000,000 |
| TOTAL . . . . . . . . . . . | 48,000,000# |

| *APPLICATION* DE *la caisse d'amortissement, pour le remboursement et l'extinction des capitaux de la dette publique.* | |
|---|---|
| REMBOURSEMENS des emprunts faits par les pays d'États pour le compte du Roi | 9,600,000# |
| Remboursemens du clergé . . . . . | 4,100,000 |
| Remboursement des emprunts faits à Genes et en Hollande en 1781 et 1785. . | 3,600,000 |
| Remboursement de l'emprunt de 20 millions fait en 1781 par la ville de Paris. | 2,000,000 |
| Remboursement des loteries de 1781 et 1783 . . . . . . . . . . . . . . | 9,600,000 |
| Remboursement des charges de magistrature, de la finance et de la maison du Roi, supprimées . . . . . . . . . | 9,700,000 |
| Remboursement des actions des fermes | 2,400,000 |
| Remboursement, en 10 années, des annuités qui seront créées par les pays d'États, pour la libération de la dette publique. . | 15,000,000 |
| Remboursement, en 30 années, des promesses de remboursement, qui seront créées pour la libération de la dette publique . . . . . . . . . . . . . . | 7,000,000 |
| Remboursement affecté à l'emprunt de 60 millions qui sera fait par le clergé pour la libération de la dette publique . . . | 3,000,000 |
| Remboursement des contrats au denier trente, qui seront créés pour la liquidation des péages . . . . . . . . . . . . | 4,000,000 |
| TOTAL . . . . . . . . . . . | 70,000,000 |

N°. 10.

# ETAT GENERAL DES NOUVELLES CONTRIBUTIONS DES PEUPLES, ET DE LA DEPENSE DE L'ETAT.

## CONTRIBUTIONS GÉNÉRALES DES PEUPLES.

| | | | |
|---|---|---|---|
| Impositions territoriales des pays d'élection et des pays conquis. 308 millions. | VINGTIEMES de l'impôt territorial | 70,000,000# | |
| | Vingtiemes des immeubles en maisons | 24,000,000 | |
| | Vingtiemes des rentes et des pensions | 14,000,000 | |
| | Dixiemes de la taille réelle | 140,000,000 | |
| | Subvention générale | 60,000,000 | 308,000,000# |
| Rachat de leurs gabelles. 46 millions. | RACHAT des gabelles, en sous pour £ additionnels aux impositions territoriales des provinces d'élection et des pays conquis, proportionnellement au prix du sel dans chaque province | | 46,000,000 |
| Contributions des pays d'États. 100 millions. | VINGTIEMES de l'impôt territorial des pays d'États, qui seront abonnés à | 20,000,000 | |
| | Vingtiemes de leurs immeubles en maisons | 6,000,000 | |
| | Contributions en taille, capitation et autres impositions militaires et locales, qui seront continuées dans les pays d'États, et employées au payement de leurs rentes et de leurs dépenses particulieres, ou versées dans le trésor royal | 40,000,000 | |
| | Droits établis, qui subsisteront sur leurs consommations | 10,000,000 | |
| | Abonnement à faire du rachat de leurs gabelles, tant en Bourgogne, qu'en Languedoc, Provence et Roussillon, porté à | 14,000,000 | |
| | Rachat de leurs droits de traites, et de leur contribution à l'impôt du tabac, porté à | 10,000,000 | 100,000,000 |
| Contributions du clergé. 16 millions. | DON gratuit du clergé, qui sera abonné pour la valeur de ses deux vingtiemes de l'impôt territorial, porté à | 10,000,000 | |
| | Abonnement du clergé pour sa contribution au rachat de la gabelle, du tabac, des aides et des traites intérieures, qui seront supprimés à son profit | 6,000,000 | 16,000,000 |
| Contributions des colonies. 9,600,000# | IMPOSITIONS de Saint-Domingue | 6,940,000 | |
| | Impositions de la Martinique | 1,100,000 | |
| | Impositions de la Guadaloupe | 900,000 | |
| | Impositions de Cayenne | 60,000 | |
| | Impositions de la Corse | 600,000 | 9,600,000 |
| Revenus particuliers. 50,900,000# | RÉGIE des postes | 12,000,000 | |
| | Régie des poudres et salpêtres | 800,000 | |
| | Produit net de la loterie royale, en 1787 | 13,000,000 | |
| | Revenus casuels | 5,800,000 | |
| | Messagerie et roulage | 900,000 | |
| | Droit du marc d'or | 1,800,000 | |
| | Monnaies | 500,000 | |
| | Abonnement de la compagnie des glaces | 100,000 | |
| | Revenus des villes et hôpitaux | 16,000,000 | 50,900,000 |
| Domaines du Roi. 14,500,000# | DOMAINES, bois et forêts du Roi | 10,000,000 | |
| | Produit des rentes et cens des seigneuries royales | 2,000,000 | |
| | Droits recouvrés par les princes et les engagistes | 2,500,000 | 14,500,000 |
| Ferme générale. 62 millions. | TRAITES exclusives des frontieres, à établir sur un nouveau tarif, combiné avec les avantages de la liberté du commerce intérieur, qui seront portés à | 40,000,000 | |
| | Domaines d'orient et d'occident | 4,000,000 | |
| | Droits qui subsisteront de la régie générale | 10,000,000 | |
| | Régie des hypotheques | 4,400,000 | |
| | Droits de Lorraine | 3,000,000 | |
| | Régie de la Flandre maritime | 600,000 | 62,000,000 |
| Régie du domaine. 40 millions. | ADMINISTRATION et régie des droits du domaine et du contrôle, sans les domaines fonciers, bois et forêts | | 40,000,000 |
| Extinction annuelle. 3 millions. | EXTINCTION annuelle des rentes viageres et des intérêts liquidés par des remboursemens | | 3,000,000 |
| | TOTAL des contributions générales des peuples | | 650 millions. |

## DÉPENSES GÉNÉRALES ET ORDINAIRES DE L'ÉTAT.

| | | | |
|---|---|---|---|
| Département de la guerre. 90 millions. | EXTRAORDINAIRE des guerres, fixé à | 68,000,000# | |
| | Ordinaire des guerres, idem | 7,500,000 | |
| | Artillerie et génie, idem | 9,900,000 | |
| | Maréchaussée, idem | 4,000,000 | |
| | Ile de Corse, idem | 600,000 | 90,000,000# |
| Marine. 36 millions. | MARINE et colonies, idem | | 36,000,000 |
| Affaires étrangeres. 8,500,000# | AFFAIRES étrangeres, idem | | 8,500,000 |
| Maisons du Roi, de la Reine et des princes. 24,400,000# | MAISON civile du Roi, idem | 11,000,000 | |
| | Famille royale, idem | 2,000,000 | |
| | Maison de la Reine, idem | 3,000,000 | |
| | Maisons des princes, freres du Roi, idem | 8,400,000 | 24,400,000 |
| Bâtimens. 3,600,000# | BATIMENS du Roi, idem | 3,000,000 | |
| | Maisons royales, idem | 600,000 | 3,600,000 |
| Port, ponts et chaussées. 12,400,000# | PONTS et chaussées, idem | 8,400,000 | |
| | Port de Cherbourg | 4,000,000 | 12,400,000 |
| Pensions. 27 millions. | PENSIONS des différens départemens, supposées rétablies à | 26,000,000 | |
| | Pensions alimentaires qui seront accordées aux employés des fermes, supprimés | 1,000,000 | 27,000,000 |
| Rentes perpétuelles. 64 millions. | RENTES perpétuelles, qui se payent à l'hôtel-de-ville et sur le domaine de la ville de Paris, qui seront réparties sur les différentes provinces | 54,000,000 | |
| | Rentes perpétuelles dues par les pays d'États, les villes et hôpitaux | 9,000,000 | |
| | Rentes perpétuelles constituées par le clergé à la ville de Paris | 1,000,000 | 64,000,000 |
| Rentes viageres. 110 millions. | RENTES viageres qui se payent à l'hôtel-de-ville, les emprunts de 1787 compris | 99,600,000 | |
| | Rentes viageres dues par les villes et les hôpitaux | 800,000 | |
| | Rentes et intérêts en viager, dûs pour différens rachats de domaines et *soute* d'échange | 600,000 | |
| | Rentes viageres qui seront créées sur les nouveaux impôts de la ville et de la généralité de Paris, pour opérer dans le plan la libération de la dette publique | 9,000,000 | 110,000,000 |
| Intérêts annuels. 84 millions. | INTÉRÊTS qui ne portent point de remboursement. *Voyez* le tableau N°. 11. | 36,000,000 | |
| | Intérêts qui portent des remboursemens, où sont compris les intérêts des emprunts faits par le clergé et par les pays d'États, pour le compte du Roi. *Voyez* le tableau N°. 11 | 48,000,000 | 84,000,000 |
| Caisse des Amortissemens. 70 millions. | FONDS d'amortissement, affectés annuellement au remboursement des capitaux des intérêts qui portent remboursement, pour l'extinction de la dette publique. *Voyez* le tableau N°. 11. | | 70,000,000 |
| Gages et intérêts des charges. 14,500,000# | GAGES et intérêts des charges de la magistrature et du conseil | 11,000,000 | |
| | Gages et intérêts des charges des secrétaires d'État, et des bureaux de l'administration, à réduire à | 2,000,000 | |
| | Gages et intérêts des charges de la cour et de la maison du Roi | 1,500,000 | 14,500,000 |
| Fonds qui remplaceront les corvées. 20 millions. | FONDS de remplacement des corvées, pour la confection des routes et des travaux publics, dans les différentes provinces d'États et d'élection | | 20,000,000 |
| Dépenses des villes. 16 millions. | FONDS de remplacement des octrois des villes, des chambres de commerce et des hôpitaux, qui seront assignés sur les impôts de la subvention de chaque ville | | 16,000,000 |
| Frais de l'administration des provinces, et de la perception de leurs contributions. 40,700,000# | DÉPENSES et frais de l'administration des provinces d'élection et des pays conquis, pour le recouvrement de leurs nouveaux impôts | 36,000,000 | |
| | Frais d'administration des pays d'États, pour le recouvrement de leurs impôts | 1,500,000 | |
| | Frais de l'administration du clergé, où sont compris les oblats payés aux Invalides | 1,200,000 | |
| | Frais d'administration de la loterie royale | 2,000,000 | 40,700,000 |
| Dépenses à la charge du Roi. 18,900,000# | CHARGES des différens états du Roi, réduites à | 10,000,000 | |
| | Dépenses de la main-morte, idem | 4,500,000 | |
| | Dépenses diverses, idem | 2,400,000 | |
| | Indemnités particulieres, idem | 2,000,000 | 18,900,000 |
| Fonds libres. 10 millions. | DÉPENSES extraordinaires et imprévues | | 10,000,000 |
| | TOTAL des dépenses générales et ordinaires de l'État | | 650 millions. |

*Nota.* La différence qu'il pourrait y avoir dans quelques parties des dépenses et des revenus actuels, qui sont conservés, ne peut rien changer à l'exactitude de l'opération. Cette balance se retrouvera de quelque maniere que ce soit, et très-certainement dans l'excédent du produit de la subvention générale des villes, qui montera à plus de 80 millions de recette, quoiqu'on ne l'ait portée qu'à 60 millions.

# SIXIEME PARTIE.

# DEVELOPPEMENS

## SUR LA LIBÉRATION

## DES DETTES DE L'ETAT,

## EN TRENTE ANNÉES.

ANALYSE

# ANALYSE

## SUR

## LE CREDIT PUBLIC.

Le crédit public est fondé sur la confiance. La confiance s'établit sur la fidélité et sur l'exactitude à remplir les engagemens contractés. Un État monarchique, qui possede un grand domaine et un grand commerce, qui est surchargé de dettes, et qui n'a point de papier-monnaie, peut user avantageusement de ces richesses artificielles. Il y trouvera les ressources de sa libération qu'il ne peut satisfaire en argent, car il est impossible à une nation, quelque riche quelle soit, d'avoir sur le champ assez de numéraire pour se libérer d'une dette immense. C'est donc par le remplacement d'un papier circulant qu'on peut y suppléer : mais il faut assigner une sûreté réelle à ce papier, et le mettre à couvert du pouvoir arbitraire. Or cette sûreté ne peut s'établir que sur la certitude du remboursement, qui ne peut elle-même se trouver que dans une *caisse d'amortissement*, proportionnée à la quantité du papier mis en circulation, qui n'excede pas la somme de l'argent réel que l'État peut dépenser.

Telle est la position de la France, tels sont les avantages dont elle peut profiter pour sa libération :

X

mais chez elle, deux lois s'opposent à tout crédit public.

1°. Celle qui fixe l'intérêt de l'argent à un denier trop haut.

2°. Celle qui défend de fixer dans l'obligation l'époque du remboursement des contrats à constitution.

Ces lois restreignent toutes les affaires publiques sans empêcher l'usure des obligations particulieres où l'on comprend toujours l'intérêt dans le capital. Elles forcent le Gouvernement à n'emprunter qu'au taux de l'intérêt de la loi : il ne lui reste que la voie onéreuse des anticipations, des créations de charges et des emprunts en viager, pour faire face à ces dépenses extraordinaires. Les emprunts à constitution, que l'État pourrait faire en temps de paix à des intérêts modiques, pour rembourser les engagemens de la guerre, lui sont interdits par la loi qui contient toujours l'intérêt au denier vingt : aussi, tant que l'intérêt de l'argent dépendra d'une loi fixe, et qu'il ne sera pas livré au cours naturel de l'abondance ou de la nécessité, jamais la France ne pourra s'établir un crédit public.

Les temps ne sont pas encore éloignés où l'on était en France d'une telle ignorance sur les vrais principes du crédit public, qu'on s'imaginait qu'il était concentré dans les facultés des gens de finance, sans s'apercevoir que tous les secours d'argent qu'ils prêtaient à l'État à de gros intérêts, provenaient des propres deniers qu'ils percevaient sur les peuples. Aussi M. *Neker* a-t-il prouvé l'erreur de cette combinaison, en déplaçant le crédit de la finance pour y substituer celui des banquiers, qui en effet ont un crédit plus réel et bien plus étendu, puisqu'ils sont les correspondans de toute l'Europe. Mais cette confiance, trop absolue dans leur crédit personnel, a causé un autre mal. Elle a produit le systême des *acaparemens* de tous les emprunts; et si le Gouvernement a cru devoir les assurer par des soumissions conventionnelles, le public est devenu le *tributaire* de ces arrangemens; il paye à son grand préjudice tous les profits de la sûreté de ces emprunts.

L'Angleterre, plus éclairée qu'aucune nation sur la force de son crédit national, y puise toutes les ressources qu'elle trouve en temps de guerre. Elle emprunte quelquefois par annuités dont le capital est remboursable à des époques déterminées, et le taux des intérêts dépend de la hausse et de la baisse des fonds publics. Mais ses opérations de finance se font plus généralement par emprunts sur les impôts consentis par le parlement; ensuite l'administration en traite vis-à-vis de la banque ou de compagnies particulieres qui en font les avances, au taux de l'intérêt des fonds publics.

En temps de guerre, les emprunts coûtent cher; mais, à la paix, quand les fonds publics reprennent le cours ordinaire, le Gouvernement emprunte à trois et quatre pour cent. Ces capitaux sont employés au remboursement des emprunts qui sont le plus à charge: souvent même les créanciers de l'État consentent à réduire leurs intérêts au taux des fonds publics, pour y conserver le placement de leurs fonds; car le prix des effets publics dépend, dans ce pays-là, du cours de la place. Le Gouvernement se garde bien de se mêler du jeu des actions de la banque, qu'on appelle mal-à-propos en France *agiotage*. C'est cette variation dans les fonds publics qui fait en Angleterre la loi de l'intérêt de l'argent. On s'engage de livrer à telle époque tant de valeurs, dont les capitaux, qui sont dûs par la banque, ne se réalisent presque jamais que par l'escompte du cours des intérêts au jour de chaque payement. Heureux celui qui profite de sa spéculation par un gain avantageux! il devient licite, quelque considérable qu'il soit, si la hausse des fonds le favorise. Aussi les Anglais ne conçoivent-ils pas comment on veut restreindre, par des lois séveres, le jeu des effets publics. En le défendant, on arrête leur circulation; on en fait un monopole; on gêne toutes les affaires; on expose les banquiers à des faillites; le crédit d'une nation se rétrécit, il devient illusoire.

C'est à *Guillaume III* que l'Angleterre doit l'établissement de sa banque, dont le crédit a plus que quadruplé la masse des billets qui circulent dans son commerce. Cette nation était seule capable en Europe, par sa hardiesse et sa constitution solide, de soutenir et de porter aussi loin les signes factices de ce crédit artificiel.

Mais en France, il est impossible de fonder un crédit public sur une garantie semblable. Il serait même fort dangereux pour cet État, d'avoir une caisse d'emprunts toujours ouverte, dont l'administration pourrait abuser à chaque instant. C'est d'après ces différentes combinaisons qu'on a dressé le plan qui paraît convenir le mieux à la France pour opérer sûrement sa libération, pour faire baisser l'intérêt de l'argent, et pour fonder un crédit public qui procure à l'État des ressources toujours actives pour les besoins de ses dépenses extraordinaires en temps de guerre.

# DISSERTATION

## SUR LA LIBÉRATION

## DES DETTES DE L'ETAT.

DANS l'état actuel de l'administration des finances, on ignore positivement à quelle somme montent les dettes de l'État. Le *déficit* n'a jamais pu être constaté devant l'assemblée des notables. Cette confusion est une suite des créations de charges, des affaires extraordinaires et de la multiplicité des engagemens contractés sous tant de formes différentes, qu'on a peine à calculer au juste l'état passif de la dette fonciere et publique.

L'objet essentiel est d'établir ce calcul: mais, pour le faire avec succès, il faut remonter à l'origine de toutes les créances, déterminer leur espece, reconnaître leur validité, fixer la valeur effective de leurs capitaux et le montant de leurs intérêts. Ces créances comprennent les rentes perpétuelles et viageres; les intérêts des capitaux des charges et des emprunts remboursables; tous les effets de la dette publique, et les dettes exigibles arriérées et en litige.

Les rentes n'ont la plupart que des constitutions imaginaires sans hypotheque représentative. Les intérêts de la dette publique sont composés des actions des Indes, des actions de la caisse d'escompte, des actions des fermes, des rescriptions sur les recettes générales, des billets des gardes du trésor royal et des trésoriers, enfin, des capitaux de toutes les charges de la magistrature, de la cour et de la finance. Les dettes arriérées et en litige peuvent être sujettes à des réductions conventionnelles.

Quand on parcourt le tableau de ces différens engagemens, on est moins effrayé de la masse des *quatre milliars et demi* qui constituent à peu-près les dettes de l'État, que des opérations qui se sont succédées pour les augmenter par des emprunts et des anticipations continuelles. En effet, comment se peut-il qu'on n'adopte aucun plan fixe de libération, pour amortir chaque année une partie des rentes perpétuelles ? Cette opération rétablirait bientôt le crédit de ces constitutions. Elle dispenserait des emprunts en viager, si onéreux aux familles. Comment se peut-il qu'à chaque paix on en soit réduit à laisser subsister les impôts de la guerre, même à les augmenter sans diminuer les dettes ? La voie des emprunts, utile, quand elle est combinée avec l'impôt et des remboursemens assurés, est devenue funeste à la nation, parce que les viagers sont aujourd'hui la seule ressource de l'État pour trouver de l'argent.

Peut-on croire qu'en suivant ce systême on parvienne jamais à rétablir les affaires ? Ce n'est que par une grande opération de finance, bien combinée avec les revenus de l'État, qu'on peut espérer de rendre à la France toutes les forces de son crédit public. C'est en rétablissant la confiance due au crédit

des

des *pays d'États* et du *Clergé*, qu'on peut trouver les grandes ressources qu'il faut pour cette libération.

C'est dans la puissance de leurs moyens qu'on peut parvenir à combler un abîme dont on ne sortira jamais par des palliatifs : c'est sur-tout en changeant la perception des impôts onéreux à la nation, et dispendieux par les frais de perception, qu'on parviendra à rétablir l'ordre, l'économie et l'égalité entre la recette et la dépense. On a beau faire des retranchemens, la dette est si considérable, et les dépenses de nécessité si fortes, qu'ils ne pourront jamais suffire à réparer les maux de l'État. L'expédient des emprunts, calculés sur le besoin de chaque année, ne fait qu'augmenter la plaie : ils rameneront bientôt l'état dangereux d'où l'on croit sortir.

Dans les ressources que présente le plan proposé, on trouve les moyens de rétablir le niveau entre la recette et la dépense, d'assurer l'intérêt des rentes de l'État par des constitutions solides sur les impôts du territoire de chaque généralité, pour éteindre et rembourser chaque année une partie des rentes perpétuelles qui y seront hypothéquées ; de convertir tous les effets de la dette publique en un seul papier dont le crédit s'établira par le payement exact des intérêts, et par le remboursement annuel d'une portion de ces effets; de réserver au Roi, par la création des promesses de remboursement proposées pour la libération des dettes de l'État, une ressource à venir pour les dépenses extraordinaires de la premiere guerre; d'établir le payement de toutes les dépenses dans chaque province, par des assignations sur les impôts de chaque généralité, sans être obligé de déplacer l'argent des provinces; ce qui est un des plus grands vices de l'administration actuelle des finances.

# OBSERVATIONS

## SUR LA CRÉATION

## DES PROMESSES DE REMBOURSEMENT.

Après l'exemple du systême de *Law*, bon en lui-même, si on avait été assez sage pour n'en pas excéder les bornes, le Gouvernement doit être en garde contre toutes créations de papiers-monnaie; mais les promesses de remboursement qu'on propose pour la libération de la dette publique, ne sont qu'un remplacement des capitaux et des effets qui sont en circulation sur la place, sans pouvoir excéder la somme de 300 *millions.*

Cette opération est d'autant plus nécessaire, que le crédit de la France ne peut renaître que d'une libération générale. Cette libération ne peut avoir lieu que par la *réalité* d'une caisse d'amortissement qui ne puisse être suspendue, ni destinée à un autre usage. Cette caisse d'amortissement doit être l'effet des bonnes combinaisons qui établiront l'ordre de la liquidation de tous les effets publics. Le défaut d'argent pour les rembourser en entier, permet de les convertir en un seul papier qui en soit le gage, dont les intérêts et les remboursemens seront bien assurés, et dont le jeu des chances et des lots donne à ce papier une valeur représentative préférable à l'argent même.

C'est ce que présente l'opération de la création des 300 mille promesses de remboursement proposées pour liquider en trente années, à un intérêt plus bas, les capitaux de la dette publique, qui ne seront pas remboursés en argent, et qui sont compris sous la dénomination des engagemens suivans :

SAVOIR:

| | |
|---|---|
| En actions des Indes. . . . . . . | 80,000,000# |
| En capitaux des charges de finance qui seront conservées, dont il sera remboursé en promesses . . . . . . . . . . . | 48,400,000 |
| En capitaux des cautionnemens de la finance, qui subsisteront, dont il sera remboursé en promesses . . . . . . | 73,240,000 |
| En liquidation de dettes exigibles ou en litige . . . . . . . . . . . . . | 98,360,000 |
| TOTAL. . . . . . . . . | 300,000,000# |

Ces 300 millions forment à peu-près le montant effectif des capitaux de la dette publique, distincte de la constitution des rentes perpétuelles et viageres, et des intérêts des capitaux dont les remboursemens sont assignés en argent.

Il résultera de cette opération les plus grands avantages, sans faire aucun tort aux intérêts des créanciers de l'État.

1°. Un seul papier sur la place, dont l'intérêt à quatre pour cent fera naturellement baisser l'intérêt de l'argent.

2°. Une caisse d'amortissement de 70 millions, qui remboursera en trente années les promesses de remboursement et tous les engagemens de la dette publique ; ce qui établira bientôt le crédit de ces effets au pair de l'argent.

3°. La possibilité de pouvoir user de ces promesses dans des besoins extraordinaires, pour remplacer à bas prix la cherté des prêts de la finance, dont les bénéfices accumulent tous les vingt ans une ou deux fortunes de 20 *millions*, qui sont la *pressure* des usures de ces services.

Cette opération de finance, proposée par les promesses de remboursement, est d'autant plus ingénieuse qu'elle est certaine. Elle ne dépend point du crédit public. Chaque particulier sera obligé de recevoir ces promesses en remplacement de la totalité ou d'une partie des effets qu'il possede, ou des créances qui lui sont dues. Les tirages des lots donneront à ce papier le plus grand crédit. Ce moyen doit tirer l'État des embarras et de la crise où il est, en se préparant des ressources pour ses dépenses extraordinaires.

Quant à l'enregistrement nécessaire pour la création de ce papier, il ne peut éprouver aucunes difficultés de la part des Cours souveraines, puisque ce n'est qu'un remplacement de gage et d'ordre pour déterminer les époques de la libération de la dette publique. D'ailleurs, cette opération ne fait qu'assurer et améliorer le sort et la situation des créanciers de l'État. Si elle prépare des ressources à venir, le Gouvernement ne pourra jamais en abuser, puisque la masse de ces promesses ne pourra être augmentée sans la sanction d'un nouvel enregistrement.

Mais comme le plan de cette libération doit avoir

lieu, partie en argent et partie en promesses de remboursement, il faut en même-temps faire des emprunts pour avoir l'argent nécessaire à cette libération. C'est à cet instant qu'un emprunt de 100 millions en viager pourra être proposé par le Roi, avec assurance comme le dernier auquel il sera obligé; et cet emprunt sera d'autant plus recherché, que la nation verra un plan d'État qui présente un grand ensemble, avec l'abolition de la gabelle, du tabac et de tous les impôts indirects.

Alors, *les pays d'États* et le *clergé*, rassurés sur la suppression des capitulations *sacrées* de leurs priviléges, prêteront de nouveau leur crédit, pour venir au secours du Roi et de l'État; le clergé, par un emprunt de 60 *millions*, en rentes constituées à cinq pour cent, remboursables en quatorze années; les pays d'États, par la création de 150 *millions* en annuités de 1000# chacune, portant cinq pour cent d'intérêts avec des chances et des lots de faveur, remboursables en dix années. Cette forme d'emprunter, par annuités, est la plus avantageuse et la moins onéreuse; on doit à l'avenir la mettre en usage pour les besoins de l'État. Par ce moyen on peut tous les jours emprunter proportionnellement à ce qu'on rembourse.

C'est le principe de l'Angleterre, pour ses emprunts. C'est cette roue continuelle d'emprunts et de remboursemens qui fait son crédit. C'est ce crédit qui la fait exister sur les richesses factices et artificielles de son papier, dont l'usage est le même que l'argent, quand la *confiance* et le *crédit* en sont le *gage public.*

# LETTRES-PATENTES

# DU ROI,

*PORTANT création de 300 mille promesses de remboursement de 1000# chacune, payables en trente années par la voie du sort, jouissant de quatre pour cent d'intérêts sans retenue, et participant aux chances heureuses de 3000 lots, qui écherront tous les ans à 3000 des promesses qui sortiront en remboursement; lesdites promesses applicables à la libération des dettes de l'Etat.*

LOUIS, PAR LA GRACE DE DIEU, ROI DE FRANCE ET DE NAVARRE : à tous présens et à venir; SALUT.

APRÈS avoir, par notre édit du mois d............ de la présente année, ordonné la suppression de plusieurs charges de finance, nous en avons en même temps annoncé les remboursemens, ainsi que des fonds d'avance de nos fermiers généraux, de ceux du cautionnement de leurs employés, de ceux faits par les régisseurs de nos différens droits, et par les administrateurs des postes : nous avons, par le même édit, déterminé la liquidation des actions et billets de la compagnie des Indes, de même que des autres créances exigibles ou en litige qui doivent entrer dans cette liquidation.

Voulant effectuer une résolution aussi utile à l'ordre de nos finances et à l'intérêt de nos sujets, et désirant donner à ces arrangemens toute la solidité et la sûreté qu'ils exigent, nous nous sommes proposés d'abord de constituer lesdits remboursemens en contrats de rentes sur les nouveaux impôts du territoire, de nos provinces en pays d'élection et pays conquis, lesdites rentes au denier vingt du montant des capitaux, remboursables en trente années.

Mais il nous a été représenté qu'il pourrait être à charge à certaines familles de recevoir la liquidation de leurs créances en capitaux constitués, et qu'elles trouveraient plus d'avantages à les faire liquider en effets au porteur, dont la solidité, fondée sur la certitude d'un remboursement effectif et déterminé, les rendrait commerçables, et leur donnerait un crédit d'autant plus actif que la masse de ces effets s'éteindrait, chaque année, sans pouvoir jamais être augmentée dans aucun cas et dans quelque circonstance que ce soit.

Nous nous sommes portés d'autant plus volontiers à déférer à ces représentations, que nous y trouvons l'occasion de donner à nos sujets une nouvelle preuve de notre attention à concourir à tout ce qui peut concilier leurs intérêts particuliers avec le bien général de l'État.

A cet effet, nous nous sommes déterminés à établir un fond d'amortissement annuel de 19 millions, pour éteindre, en trente années, et par une combinaison suivie, la portion des capitaux formant le montant des charges de la finance, qui sont conservées par notre édit

du

du mois d....... de la présente année, et des autres objets compris dans cette liquidation, dont les promesses de remboursement deviendront le gage, pour assurer cette partie essentielle de la fortune de nos sujets.

A CES CAUSES.................... Nous disons, déclarons, ordonnons, voulons et nous plaît ce qui suit :

### ARTICLE PREMIER.

Nous avons créé et créons 300 mille promesses de remboursement, de la somme de 1000# chacune, payables au porteur, dans le cours de trente années, lesquelles promesses ne seront commerçables que de gré à gré.

### II.

Le payement de chaque promesse sera déterminé par le sort dune roue de fortune, qui en décidera les remboursemens annuels.

### III.

Lesdites promesses jouiront d'un intérêt de quatre pour cent sans retenue, qui sera payé, chaque année, par le garde de notre trésor royal, en exercice.

### IV.

Il y aura, au dos de chaque promesse, trente

cases où seront marquées les trente années que durera cette libération; et il y sera fait mention du payement des intérêts de chaque année, par le mot *payé*, suivi du parafe du garde de notre trésor royal en exercice, dont l'enregistrement, porté sur ses livres, fera sa décharge pour le payement des intérêts.

V.

Les promesses qui sortiront, chaque année, en remboursement, courront les chances de 3000 *lots*, qui seront distribués par la voie du sort à 3000 de ces promesses auxquelles ils écherront.

V I.

Les fonds destinés au payement annuel des intérêts des lots et des remboursemens des capitaux desdites promesses, seront assignés sur les produits de nos fermes générales, et seront fixés à 19 millions par an, nécessaires à cette libération.

V I I.

Les 3000 *lots* qui écherront, tous les ans, par la voie du sort, à 3000 des promesses qui sortiront en remboursement, auront un capital de 1500 mille £ par an, affecté à leur payement, dans le fonds de cette libération générale.

V I I I.

Les tirages par lesquels se réglera le sort annuel des promesses, tant en remboursement qu'en lots, se feront publiquement, dans deux roues de fortune, en la grande salle de l'hôtel-de-ville de notre bonne ville de Paris, en présence du sieur prévôt des marchands et des échevins de ladite ville, en la maniere et avec les formalités accoutumées.

I X.

Le tirage de ces promesses commencera au mois d...... et continuera de même, les années suivantes: mais les remboursemens des capitaux des intérêts et des lots échus auxdites promesses ne se feront que dans le courant du dernier mois de l'année de leur échéance.

X.

Les payemens des promesses sorties en remboursement, et des lots échus, se feront dans le douzieme mois de leur échéance, et dans l'ordre graduel des numéros de leur sortie, qui sera constatée à chaque tirage par un procès-verbal, signé du prévôt des marchands et des échevins de l'hôtel-de-ville de Paris.

X I.

D'après le procès-verbal qui sera imprimé et rendu public, les payemens graduels desdites promesses sorties en remboursement, et pour raison des lots échus, seront acquittés en notre trésor royal sur la présentation desdites promesses.

X I I.

Les porteurs desdites promesses sorties en remboursement, et qui ne seront payables qu'à la fin de l'année, jouiront du privilége de les escompter à la caisse des amortissemens, qui sera toujours ouverte pour cet escompte, moyennant la retenue des intérêts de leurs capitaux à quatre pour cent, et du dixieme des lots qui leur seront échus.

### XIII.

Les promesses et les lots échus, qui n'auront pas été présentées au payement, après six mois de leur tirage, seront reconnues par un procès-verbal du bureau de la commission de notre conseil, qui restera chargé des suites de la liquidation des promesses de remboursement ; et elles seront inscrites dans un registre dont le dépôt sera fait au greffe de ladite commission.

### XIV.

Les fonds destinés au remboursement desdites promesses, et des lots échus, qui n'auront pas été acquittés à défaut de représentation, resteront déposés en notre trésor royal, jusqu'à ce que les porteurs se présentent pour en être payés sur le *visa* de la commission de notre conseil, qui sera chargée de la vérification desdites promesses et de la suite de leur liquidation.

### XV.

Toutes les contestations qui s'éleveront pour raison desdites promesses, seront réglées par ladite commission de notre conseil, chargée de la liquidation des dettes de l'État.

### XVI.

Les 300 mille promesses de remboursement seront

imprimées sur un papier qui aura sa marque particuliere et différente de mille en mille. Elles seront reliées dans des registres à ce destinés, et seront numérotées à la suite les unes des autres, depuis le n° 1er jusqu'au n° 300 mille. Ces numéros seront également répétés sur les promesses et sur les talons desdites promesses qui seront signées par les deux gardes de notre trésor royal.

XVII.

CHAQUE promesse sera jointe à son talon par une bande d'écriture qui prendra du haut de la page en bas, et qui composera ces mots : *libération des dettes de l'Etat.* Ce sera dans cette bande de papier que l'on coupera pour détacher la promesse de son talon; et l'on observera que la moitié de l'écriture reste au talon, comme l'autre moitié restera attachée à ladite promesse.

XVIII.

LES 300 mille promesses de remboursement, contenues dans les registres, seront coupées et détachées de leurs talons en présence des commissaires de notre chambre des comptes, nommés à cet effet, et les registres et talons resteront déposés au greffe de notre dite chambre des comptes, où les promesses, dont le papier sera usé, seront remplacées à la premiere demande, pourvu toutefois que les numéros et les signatures des gardes de notre trésor royal ne soient point effacés.

XIX.

TOUTES les promesses de remboursement, étant

détachées de leurs talons, seront remises par les commissaires de notre chambre des comptes aux gardes de notre trésor royal, qui les signeront conjointement, et les délivreront aux créanciers de l'État, en remplacement des effets liquidés, qui seront rapportés en nature et brûlés en notre présence, par les commissaires de notre conseil royal des finances, qui en dresseront procès-verbal pour être déposé en notre chambre des comptes.

## X X.

Après les payemens de chaque année consommés, les promesses qui seront sorties en remboursement pour la derniere année, et celles qui auront été remplacées par des causes usuelles, seront rapportées devant notre conseil royal des finances, où elles seront de nouveau examinées par les commissaires nommés pour cette vérification, et ensuite brûlées en notre présence; sur quoi il sera dressé procès-verbal, signé desdits commissaires, qui sera déposé en notre chambre des comptes, l'expédition duquel servira de décharge aux gardes de notre trésor royal.

Si donnons, &c.

LIBERATION DES DETTES DE L'ETAT.

Somme, 1000#. *Promesse de remboursement.* N°. 166.

*Bon au porteur pour la somme de mille livres, remboursables à l'époque d'une des trente années déterminées pour la libération des dettes de l'État, dont les intérêts seront annuellement payés sur le pied de quatre pour cent, sans retenue, conformément aux enregistremens qui en seront faits au dos de la présente promesse, laquelle participera en outre aux chances des trois mille lots qui seront distribués chaque année, par la voie du sort, auxdites promesses de remboursement, suivant ce qui est ordonné par les lettres patentes du mois d . . . . . de la présente année.*

*Fait à Paris, ce* . . . . . . . . . . . 178. . .

Pour numéro, *Cent soixante-six.*

## ÉMARGEMENS DES INTÉRÊTS.

| ANNÉES. | ACQUITS. | ANNÉES. | ACQUITS. | ANNÉES. | ACQUITS. |
|---|---|---|---|---|---|
| | | | | | |
| | | | | | |
| | | | | | |
| | | | | | |
| | | | | | |
| | | | | | |
| | | | | | |
| | | | | | |
| | | | | | |
| | | | | | |
| | | | | | |

# DISTRIBUTION

*Des* 3000 *lots qui écherront, tous les ans, à* 3000 *des promesses qui sortiront en remboursement.*

| 1 lot de | | 200,000# |
|---|---|---|
| 1 .. de | | 100,000 |
| 1 .. de | | 60,000 |
| 1 .. de | | 46,000 |
| 2 lots de | 40,000# | 80,000 |
| 2 .. de | 30,000 | 60,000 |
| 2 .. de | 20,000 | 40,000 |
| 2 .. de | 10,000 | 20,000 |
| 4 .. de | 8,000 | 32,000 |
| 6 .. de | 6,000 | 36,000 |
| 8 .. de | 4,000 | 32,000 |
| 10 .. de | 3,000 | 30,000 |
| 20 .. de | 2,000 | 40,000 |
| 30 .. de | 1,200 | 36,000 |
| 40 .. de | 600 | 24,000 |
| 50 .. de | 540 | 27,000 |
| 60 .. de | 500 | 30,000 |
| 80 .. de | 450 | 36,000 |
| 90 .. de | 400 | 36,000 |
| 100 .. de | 350 | 35,000 |
| 500 .. de | 300 | 150,000 |
| 1000 .. de | 200 | 200,000 |
| 1000 .. de | 150 | 150,000 |
| 3000 lots. | | 1,500,000# |

# DEMONSTRATION

*De la libération des 300 millions, dans une révolution de trente années; au moyen de 19 millions de fonds assignés annuellement, tant pour l'extinction du principal que pour les intérêts et les lots.*

| CAPITAUX et remboursemens successifs. | | PREMIERE ANNÉE. | PAYEMENS. |
|---|---|---|---|
| Capital. . . . . . . | 300,000,000# | Intérêts à quatre pour cent. | 12,000,000# |
| Remboursement | 5,500,000 | Remboursement . . . . | 5,500,000 |
| | | Lots . . . . . . . . . . | 1,500,000 |
| | | Bon de caisse . . . . . | |
| | | | 19,000,000# |
| | | SECONDE ANNÉE. | |
| Capital. . . . . . . | 294,500,000# | Intérêts. . . . . . . . . | 11,780,000# |
| Remboursement | 5,720,000 | Remboursement . . . . | 5,720,000 |
| | | Lots . . . . . . . . . . | 1,500,000 |
| | | Bon de caisse . . . . . | |
| | | | 19,000,000# |
| | | TROISIEME ANNÉE. | |
| Capital. . . . . . . | 288,780,000# | Intérêts. . . . . . . . . | 11,551,200# |
| Remboursement | 5,948,000 | Remboursement . . . . | 5,948,000 |
| | | Lots . . . . . . . . . . | 1,500,000 |
| | | Bon de caisse . . . . . | 800 |
| | | | 19,000,000# |

| | | | |
|---|---|---|---|
| | | **QUATRIEME ANNÉE.** | |
| Capital. . . . . . . | 282,831,500# | Intérêts. . . . . . . . . | 11,313,260# |
| Remboursement | 6,186,000 | Remboursement . . . . | 6,186,000 |
| | | Lots . . . . . . . . . . . | 1,500,000 |
| | | Bon de caisse . . . . . . | 740 |
| | | | 19,000,000# |
| | | **CINQUIEME ANNÉE.** | |
| Capital. . . . . . . | 276,645,500# | Intérêts. . . . . . . . . | 11,065,820# |
| Remboursement | 6,434,000 | Remboursement . . . . | 6,434,000 |
| | | Lots . . . . . . . . . . . | 1,500,000 |
| | | Bon de caisse . . . . . . | 180 |
| | | | 19,000,000# |
| | | **SIXIEME ANNÉE.** | |
| Capital. . . . . . . | 270,211,500# | Intérêts. . . . . . . . . | 10,808,460# |
| Remboursement | 6,691,000 | Remboursement . . . . | 6,691,000 |
| | | Lots . . . . . . . . . . . | 1,500,000 |
| | | Bon de caisse . . . . . . | 540 |
| | | | 19,000,000# |
| | | **SEPTIEME ANNÉE.** | |
| Capital. . . . . . . | 263,520,000# | Intérêts. . . . . . . . . | 10,540,800# |
| Remboursement | 6,959,000 | Remboursement . . . . | 6,959,000 |
| | | Lots . . . . . . . . . . . | 1,500,000 |
| | | Bon de caisse . . . . . . | 200 |
| | | | 19,000,000# |

| | | | |
|---|---|---|---|
| | | **HUITIEME ANNÉE.** | |
| Capital . . . . . . | 256,561,000# | Intérêts. . . . . . . . . . | 10,262,440# |
| Remboursement | 7,237,000 | Remboursement . . . . | 7,237,000 |
| | | Lots . . . . . . . . . . | 1,500,000 |
| | | Bon de caisse . . . . . | 560 |
| | | | 19,000,000# |
| | | **NEUVIEME ANNÉE.** | |
| Capital . . . . . . | 249,323,000# | Intérêts. . . . . . . . . . | 9,972,920# |
| Remboursement | 7,527,000 | Remboursement . . . . | 7,527,000 |
| | | Lots . . . . . . . . . . | 1,500,000 |
| | | Bon de caisse . . . . . | 80 |
| | | | 19,000,000# |
| | | **DIXIEME ANNÉE.** | |
| Capital . . . . . . | 241,796,000# | Intérêts. . . . . . . . . . | 9,671,840# |
| Remboursement | 7,828,000 | Remboursement . . . . | 7,828,000 |
| | | Lots . . . . . . . . . . | 1,500,000 |
| | | Bon de caisse . . . . . | 160 |
| | | | 19,000,000# |
| | | **ONZIEME ANNÉE.** | |
| Capital . . . . . . | 233,968,000# | Intérêts. . . . . . . . . . | 9,358,720# |
| Remboursement | 8,141,000 | Remboursement . . . . | 8,141,000 |
| | | Lots . . . . . . . . . . | 1,500,000 |
| | | Bon de caisse . . . . . | 280 |
| | | | 19,000,000# |

| | DOUZIEME ANNÉE. | |
|---|---|---|
| Capital . . . . . . 225,827,000# | Intérêts. . . . . . . . . . | 9,033,080# |
| Remboursement 8,466,000 | Remboursement . . . . | 8,466,000 |
| | Lots . . . . . . . . . . . | 1,500,000 |
| | Bon de caisse . . . . . . | 920 |
| | | 19,000,000# |
| | TREIZIEME ANNÉE. | |
| Capital . . . . . . 217,361,000# | Intérêts. . . . . . . . . . | 8,694,440# |
| Remboursement 8,805,000 | Remboursement . . . . | 8,805,000 |
| | Lots . . . . . . . . . . . | 1,500,000 |
| | Bon de caisse . . . . . . | 560 |
| | | 19,000,000# |
| | QUATORZIEME ANNÉE. | |
| Capital . . . . . . 208,556,000# | Intérêts. . . . . . . . . . | 8,342,240# |
| Remboursement 9,157,000 | Remboursement . . . . | 9,157,000 |
| | Lots . . . . . . . . . . . | 1,500,000 |
| | Bon de caisse . . . . . . | 760 |
| | | 19,000,000# |
| | QUINZIEME ANNÉE. | |
| Capital . . . . . . 199,399,000# | Intérêts. . . . . . . . . . | 7,975,600# |
| Remboursement 9,524,000 | Remboursement . . . . | 9,524,000 |
| | Lots . . . . . . . . . . . | 1,500,000 |
| | Bon de caisse . . . . . . | 400 |
| | | 19,000,000# |

| | | SEIZIEME ANNÉE. | |
|---|---|---|---|
| Capital . . . . . . | 189,875,000# | Intérêts. . . . . . . . | 7,595,000# |
| Remboursement | 9,905,000 | Remboursement . . . . | 9,905,000 |
| | | Lots . . . . . . . . . . | 1,500,000 |
| | | Bon de caisse . . . . . | |
| | | | 19,000,000# |
| | | **DIX-SEPTIEME ANNÉE.** | |
| Capital . . . . . . | 179,970,000# | Intérêts. . . . . . . . | 7,198,800# |
| Remboursement | 10,301,000 | Remboursement . . . . | 10,301,000 |
| | | Lots . . . . . . . . . . | 1,500,000 |
| | | Bon de caisse . . . . . | 200 |
| | | | 19,000,000# |
| | | **DIX-HUITIEME ANNÉE.** | |
| Capital . . . . . . | 169,669,000# | Intérêts. . . . . . . . | 6,786,760# |
| Remboursement | 10,713,000 | Remboursement . . . . | 10,713,000 |
| | | Lots . . . . . . . . . . | 1,500,000 |
| | | Bon de caisse . . . . . | 240 |
| | | | 19,000,000# |
| | | **DIX-NEUVIEME ANNÉE.** | |
| Capital . . . . . . | 158,956,000# | Intérêts. . . . . . . . | 6,358,240# |
| Remboursement | 11,141,000 | Remboursement . . . . | 11,141,000 |
| | | Lots . . . . . . . . . . | 1,500,000 |
| | | Bon de caisse . . . . . | 760 |
| | | | 19,000,000# |

| | VINGTIEME ANNÉE. |
|---|---|
| Capital . . . . . . 147,815,000# | Intérêts. . . . . . . . . 5,912,600# |
| Remboursement 11,587,000 | Remboursement . . . . 11,587,000 |
| | Lots . . . . . . . . . . 1,500,000 |
| | Bon de caisse . . . . . 400# |
| | 19,000,000# |
| | VINGT-UNIEME ANNÉE. |
| Capital . . . . . . 136,228,000# | Intérêts. . . . . . . . . 5,449,120# |
| Remboursement 12,050,000 | Remboursement . . . . 12,050,000 |
| | Lots . . . . . . . . . . 1,500,000 |
| | Bon de caisse . . . . . 880 |
| | 19,000,000# |
| | VINGT-DEUXIEME ANNÉE. |
| Capital . . . . . . 124,178,000# | Intérêts. . . . . . . . . 4,967,440# |
| Remboursement 12,532,000 | Remboursement . . . . 12,532,000 |
| | Lots . . . . . . . . . . 1,500,000 |
| | Bon de caisse . . . . . 560 |
| | 19,000,000# |
| | VINGT-TROISIEME ANNÉE. |
| Capital . . . . . . 111,646,000# | Intérêts. . . . . . . . . 4,465,840# |
| Remboursement 13,034,000 | Remboursement . . . . 13,034,000 |
| | Lots . . . . . . . . . . 1,500,000 |
| | Bon de caisse . . . . . 160 |
| | 19,000,000# |

| | | VINGT-QUATRIEME ANNÉE. | |
|---|---|---|---|
| Capital . . . . . . | 98,612,000# | Intérêts. . . . . . . . . | 3,944,480# |
| Remboursement | 13,555,000 | Remboursement . . . . | 13,555,000 |
| | | Lots . . . . . . . . . . | 1,500,000 |
| | | Bon de caisse . . . . . | 520 |
| | | | 19,000,000# |
| | | VINGT-CINQUIEME ANNÉE. | |
| Capital . . . . . . | 85,057,000# | Intérêts. . . . . . . . . | 3,402,280# |
| Remboursement | 14,097,000 | Remboursement . . . . | 14,097,000 |
| | | Lots . . . . . . . . . . | 1,500,000 |
| | | Bon de caisse . . . . . | 720 |
| | | | 19,000,000# |
| | | VINGT-SIXIEME ANNÉE. | |
| Capital . . . . . . | 70,960,000# | Intérêts. . . . . . . . . | 2,838,400# |
| Remboursement | 14,661,000 | Remboursement . . . . | 14,661,000 |
| | | Lots . . . . . . . . . . | 1,500,000 |
| | | Bon de caisse . . . . . | 600 |
| | | | 19,000,000# |
| | | VINGT-SEPTIEME ANNÉE. | |
| Capital . . . . . . | 56,299,000# | Intérêts. . . . . . . . . | 2,251,960# |
| Remboursement | 15,248,000 | Remboursement . . . . | 15,248,000 |
| | | Lots . . . . . . . . . . | 1,500,000 |
| | | Bon de caisse . . . . . | 40 |
| | | | 19,000,000# |

| | VINGT-HUITIEME ANNÉE. |
|---|---|
| Capital. . . . . . . 41,051,000# | Intérêts. . . . . . . . . 1,642,040# |
| Remboursement 15,857,000 | Remboursement . . . . 15,857,000 |
| | Lots . . . . . . . . . . 1,500,000 |
| | Bon de caisse . . . . . 960 |
| | 19,000,000# |

| | VINGT-NEUVIEME ANNÉE. |
|---|---|
| Capital. . . . . . . 25,193,000# | Intérêts. . . . . . . . . 1,007,720# |
| Remboursement 16,492,000 | Remboursement . . . . 16,492,000 |
| | Lots . . . . . . . . . . 1,500,000 |
| | Bon de caisse . . . . . 280 |
| | 19,000,000# |

| | TRENTIEME ANNÉE. |
|---|---|
| Capital. . . . . . . 8,696,500# | Intérêts. . . . . . . . . 347,860# |
| Remboursement 8,703,000 | Remboursement . . . . 8,703,000 |
| | Lots . . . . . . . . . . 1,500,000 |
| | Bon de caisse . . . . . 8,449,140 |
| | 19,000,000# |

# PREUVE

## DU CALCUL DE LA LIBÉRATION.

### *CAPITAUX*

| | |
|---|---|
| ASSIGNÉS à cette libération pendant trente années, à 19 millions par an. | 570,000,000# |

### *EMPLOI.*

| | |
|---|---|
| MONTANT des intérêts des trente années, à quatre pour cent. . . . . . . | 216,539,360# |
| Montant des remboursemens des trente années. . . . . . . . . . . . . | 300,000,000 |
| Montant des lots des trente années, à 1500 mille livres par an . . . . . | 45,000,000 |
| Bons de caisse au profit du trésor royal, montant ensemble à . . . . . . . | 8,460,640 |
| PARTANT, l'emploi est égal à l'assignation des 19 millions des fonds affectés annuellement pendant trente ans à cette libération. . . . . . . | 570,000,000 |

# PRECIS

DE *l'opération de l'emprunt des 150 millions à créer par annuités sur le cautionnement des pays d'États, et sur l'abonnement du rachat de leurs gabelles.*

## FORME DE CET EMPRUNT.

LE capital de cet emprunt sera de 150 millions, en 150 mille annuités de 1000# chaque, portant cinq pour cent d'intérêts, sans retenue, remboursables en dix années.

Il y aura un million en lots de faveur, depuis 500# jusqu'à 100 mille £, qui seront distribués par la voie du sort, au cinquieme des annuités qui sortiront chaque année en remboursement.

Le tirage de ces annuités et des lots se fera tous les ans dans la grande salle de l'hôtel-de-ville, selon les formes accoutumées.

Le montant annuel des intérêts, des capitaux et des lots de ces annuités sera progressivement de 18 à 19 millions par an, pour opérer leur extinction en dix années.

Les annuités qui sortiront en remboursement avec des lots ne recevront point cette année le montant de leurs intérêts.

Cet emprunt est très-avantageux aux prêteurs. On y trouvera un intérêt considérable, la certitude de son remboursement, en dix années, et des lots à gagner, qui seront un nouvel espoir de bénéfice. Il n'en coûtera à l'État que six pour cent par an, pour le payement des intérêts et des lots.

Cet emprunt de 150 millions se fera partiellement sur les États de Languedoc, de Bourgogne et de Provence, proportionnellement aux prix du rachat de leurs gabelles.

## MOYENS DE L'OPÉRATION.

SA MAJESTÉ s'adressera aux États de ces différentes provinces, en leur faisant exposer les besoins de l'État pour l'arrangement de ses finances.

En conséquence, les commissaires de SA MAJESTÉ proposeront aux États de donner leur cautionnement pour un emprunt de 150 millions, en 150 mille annuités de 1000# chaque, dont la création sera autorisée par des lettres-patentes qui seront enregistrées au parlement de Paris et dans les Cours souveraines de ces différentes provinces.

Les fonds de cet emprunt seront hypothéqués et constitués sur les revenus des provinces d'États, en déduction de l'abonnement du rachat de leurs gabelles.

Si les revenus de cet abonnement ne suffisaient pas pour payer les engagemens annuels de cet emprunt, SA MAJESTÉ en déléguera le surplus aux provinces d'États sur son trésor royal, en déduction de leurs contributions.

Le payement des intérêts, et le remboursement des capitaux de cet emprunt se fera à la fin de chaque année par le trésorier de chaque pays d'États, soit à Paris, soit dans les provinces.

# DISTRIBUTION

## DES LOTS.

| | | | |
|---|---|---|---|
| 1 | .. de ........ | | 100,000# |
| 1 | .. de ........ | | 50,000 |
| 1 | .. de ........ | | 30,000 |
| 1 | .. de ........ | | 20,000 |
| 2 | .. de .... | 10,000# ...... | 20,000 |
| 2 | .. de .... | 8,000 ...... | 16,000 |
| 2 | .. de .... | 7,000 ...... | 14,000 |
| 10 | .. de .... | 3,000 ...... | 30,000 |
| 30 | .. de .... | 2,000 ...... | 60,000 |
| 50 | .. de .... | 1,200 ...... | 60,000 |
| 150 | .. de .... | 1,000 ...... | 150,000 |
| 200 | .. de .... | 750 ...... | 150,000 |
| 250 | .. de .... | 600 ...... | 150,000 |
| 300 | .. de .... | 500 ...... | 150,000 |
| | | | 1,000,000# |

# MODELE DES ANNUITÉS.

ANNUITÉS des États de Languedoc, de Bourgogne et de Provence. Année 178....

*ANNUITÉ.* Somme, 1000#. N°. 1er.

*Bon au porteur pour la somme de mille livres, portant cinq pour cent d'intérêts, remboursables en dix années, avec un million de lots de faveur, pour un cinquieme des annuités qui sortiront chaque année, en remboursement, suivant la forme et teneur des lettres patentes, portant création desdites annuités, constituées par les États de Languedoc, de Bourgogne et de Provence; suivant leur délibération générale du . . . . . . . . . . . . . . . . . . de la présente année.*

*Fait à . . . . . . le . . . . . . . .* 178 . . .

RÉSULTAT

# PERATION.

| ANNÉES des remboursem année. | | REVENANT-BONS des intérêts de 1000 annuités qui gagneront chaque année des lots. | TOTAL des remboursemens annuels en capitaux, en lots, en intérêts. |
|---|---|---|---|
| 1ere. | 000# | 150,000# | 23,350,000# |
| 2e. | 000 | 150,000 | 22,600,000 |
| 3e. | 000 | 150,000 | 21,850,000 |
| 4e. | 000 | 150,000 | 21,100,000 |
| 5e. | 000 | 150,000 | 20,350,000 |
| 6e. | 000 | 150,000 | 19,600,000 |
| 7e. | 000 | 150,000 | 18,850,000 |
| 8e. | 000 | 150,000 | 18,100,000 |
| 9e. | 000 | 150,000 | 17,350,000 |
| 10e. | 000 | 150,000 | 16,600,000 |
| | 000# | 1,500,000# | 199,750,000# |

# DEMONSTRATION DE L'OPERATION.

| ANNÉES des remboursemens. | CAPITAUX dûs avant les tirages de chaque annéc. | INTÉRÊTS à payer chaque année. | CAPITAUX à rembourser chaque année. | LOTS à payer chaque année. | REVENANT-BONS des intérêts de 1000 annuités qui gagneront chaque année des lots. | TOTAL des remboursemens annuels en capitaux, en lots, en intérêts. |
|---|---|---|---|---|---|---|
| 1ere. | 150,000,000# | 7,500,000# | 15,000,000# | 1,000,000# | 150,000# | 23,350,000# |
| 2e. | 135,000,000 | 6,750,000 | 15,000,000 | 1,000,000 | 150,000 | 22,600,000 |
| 3e. | 120,000,000 | 6,000,000 | 15,000,000 | 1,000,000 | 150,000 | 21,850,000 |
| 4e. | 105,000,000 | 5,250,000 | 15,000,000 | 1,000,000 | 150,000 | 21,100,000 |
| 5e. | 90,000,000 | 4,500,000 | 15,000,000 | 1,000,000 | 150,000 | 20,350,000 |
| 6e. | 75,000,000 | 3,750,000 | 15,000,000 | 1,000,000 | 150,000 | 19,600,000 |
| 7e. | 60,000,000 | 3,000,000 | 15,000,000 | 1,000,000 | 150,000 | 18,850,000 |
| 8e. | 45,000,000 | 2,250,000 | 15,000,000 | 1,000,000 | 150,000 | 18,100,000 |
| 9e. | 30,000,000 | 1,500,000 | 15,000,000 | 1,000,000 | 150,000 | 17,350,000 |
| 10e. | 15,000,000 | 750,000 | 15,000,000 | 1,000,000 | 150,000 | 16,600,000 |
| | | 41,250,000# | 150,000,000# | 10,000,000# | 1,500,000# | 199,750,000# |

# RESULTAT DE L'OPERATION,

## AVEC LE CALCUL DU PRIX DE CET EMPRUNT.

| | | | |
|---|---|---|---|
| Le remboursement des capitaux, des intérêts et des lots de cet emprunt coûtera . . . . . . . . . . | | | 199,750,000# |
| à déduire | Les intérêts à cinq pour cent des capitaux de cet emprunt, qui doivent rendre progressivement en dix années . . . . . . . . . . . | 41,250,000# | 42,750,000 |
| | Le revenant-bon des intérêts de 1000 annuités qui gagneront chaque année des lots . . . . . . . . . . . | 1,500,000 | |
| Reste en remboursement effectif . . . . . . . . | | | 157,000,000# |
| L'emprunt étant de . . . . . . . . . . . . . | | | 150,000,000 |
| Il n'en coûtera que . . . . . . . . . . . . . | | | 7,000,000# |

## OBSERVATION.

On voit, par ce calcul, que tous les engagemens de cet emprunt seront liquidés en dix années. C'est de cette maniere que la France devrait ouvrir la plus grande partie de ses emprunts. Comme elle se libérerait chaque année par le remboursement insensible de ses annuités, elle pourrait toujours emprunter sans risquer de perdre son crédit. Si elle opérait ainsi, elle trouverait dans tous les temps l'argent dont elle aurait besoin, à très-bas intérêt : mais, pour cela, il faut changer de principes, et ne jamais faire d'emprunts sans assigner chaque année des fonds certains pour le remboursement d'une portion des capitaux.

# RESULTATS

## DÉFINITIFS,

*SUR les améliorations progressives de l'exécution de ce plan d'administration.*

CE PLAN présente le tableau et le revenu territorial de toutes les propriétés foncieres de la France, avec l'état des revenus des loyers de toutes les villes, dont on a jusqu'ici ignoré la valeur et le produit.

Son exécution développe les grandes ressources de l'*impôt territorial* et du crédit public, pour combler le *déficit*, sans augmenter la masse des impôts actuels. Il rétablit le *niveau* entre la recette et la dépense; il assure la libération de la dette publique, en trente années.

Le *cadastre* général des terres fait une des bases essentielles du plan. Sans ce principe, il est impossible d'établir et de percevoir exactement les vingtiemes de l'impôt territorial, à cause de l'abus des faux baux, des contre-lettres et des pots de vin, qui sont en usage dans presque tous les pays de grands fermages.

Ce cadastre donnera la connaissance de la valeur effective du revenu de toutes les propriétés foncieres du Royaume. Il amenera les pays d'États, par leur propre intérêt, à l'impôt de subvention dans leurs villes, en remplacement des impôts sur leurs consommations.

Le revenu général de toutes les propriétés, devant augmenter par le soulagement de la suppression des gabelles, des aides, des traites, du tabac, et de tous les impôts indirects, il en résultera un bénéfice proportionné pour tous les propriétaires qui loueront leurs biens en conséquence de ces suppressions; ce qui les dédommagera bien du payement exact des vingtiemes de l'*impôt territorial.*

La perception des nouveaux impôts étant établie sur des bases certaines, et sur le produit réel des biens-fonds, sans aucun arbitraire dans la répartition, il n'y aura plus de contraintes rigoureuses, par conséquent plus d'impôts arriérés.

Les frais de cette perception étant simplifiés de maniere que tous les produits des vingtiemes, des tailles, de la subvention générale et des sous pour £ en rachat des gabelles, seront levés par les collecteurs et les syndics de chaque communauté, il en résultera l'économie et la célérité dans leur versement au trésor royal, qui se fera directement et à peu de frais, par les trésoriers généraux de chaque province.

La multiplication des travaux qui ne seront sujets à aucune taxe, ni à aucuns droits d'entrée dans les villes, augmentera les engrais des terres, améliorera la culture, procurera l'abondance et l'aisance de la vie du peuple.

La liberté de la vente de nos sels à l'étranger rétablira ce commerce, et celui de nos pêcheries ruinées par nos impôts sur les sels, et le bon marché que les nations étrangeres trouvent à les acheter en Espagne et en Portugal.

La suppression des gabelles, en rendant le sel libre et marchand dans toutes les provinces du Royaume, donnera la plus grande extension à cette branche de commerce qui intéresse de proche en proche toutes les provinces.

La suppression des aides rétablira dans le Nord le commerce de nos eaux-de-vie, anéanti par tous les droits dont elles sont chargées, et par le mélange que les Hollandais en font avec les vins du Rhin.

La liberté rendue à la culture du tabac rétablira la fertilité des plaines de Clérac, près Montauban, qui ont fourni autrefois des récoltes de cette denrée aussi abondantes et aussi supérieures en qualité, que les tabacs de la Virginie.

La suppression des traites de province à province, et de ville à ville, donnera une grande activité au commerce intérieur de tout le Royaume, pour en augmenter les richesses et l'industrie.

Les dépenses de l'État diminueront en proportion du rabais de toutes les denrées et marchandises de consommation, surchargées de tous les frais des impôts indirects.

L'opération de la libération des dettes de l'État fera baisser l'intérêt de l'argent. Elle détruira l'agiotage des fonds publics et l'abus des anticipations dont l'administration sera dispensée, puisqu'on n'empruntera plus que par le crédit des provinces.

La répartition de toutes les rentes perpétuelles

sur les différentes provinces d'élection et pays conquis, auxquelles on affectera un fonds d'amortissement annuel, fondera sur ces provinces un crédit public, semblable à celui des pays d'États, qui dispensera à l'avenir des emprunts viagers.

Les intérêts des emprunts de la premiere guerre se trouveront naturellement dans l'imposition du 3e *vingtieme* de l'*impôt territorial*, et dans le 3e *dixieme* de la *taille réelle*, qui présenteront à l'État un secours extraordinaire de plus de 80 *millions* pour les hypotheques de ces emprunts.

Ces impôts additionnels pourront être supportés d'autant plus facilement en temps de guerre, que les deux vingtiemes de l'impôt territorial ne représenteront jamais en temps de paix que les 2s pour £ du revenu effectif des propriétés ; et les deux dixiemes de la taille réelle ne représenteront que les 4s pour £ du produit de l'exploitation des fermiers, qui payent aujourd'hui leur taille sur le pied de 7 à 8s pour £ du prix de leurs baux, sans compter la surcharge de leur contribution dans les gabelles, les aides et tous les impôts indirects.

Les provinces d'élection et les pays conquis trouveront l'accroissement de leur prospérité dans les fonds permanens qui seront assignés aux dépenses annuelles de leurs travaux et de leurs chemins, sous l'inspection des assemblées provinciales.

L'exécution de ce plan amenera une administration nouvelle dans la régie des domaines, bois et forêts du Roi, pour en porter les revenus à leur plus grand produit. Les abus de la régie des contrôles, des actes, des greffes, des hypotheques, des francs-fiefs et des droits domaniaux seront aussi réformés. Enfin, toutes les parties de l'administration des finances seront peu-à-peu corrigées et vivifiées. Elles prendront une forme stable, guidée par une économie sage qui rétablira l'ordre par tout, et qui rendra à la nation le dégré de force et de puissance qui lui appartient.

Mais, peut-on se flatter que ce plan de salut public soit considéré par le gouvernement comme un travail digne de fixer son attention ¿ Les intérêts particuliers, la jalousie, la présomption même ne seront-ils pas des moyens de critique, pour présenter des obstacles à son exécution ? Les nations sont comme les enfans; elles ne font en général que ce qu'elles voient faire : ce qu'elles ont fait, elles le font long-temps, quelquefois toujours. Ce n'est pas la raison qui les fait changer, c'est la nécessité, le caprice ou l'autorité. Le caprice ne corrige rien, il substitue des abus à des abus, et les désordres vont toujours en croissant : mais la nécessité force l'autorité à changer de principes, et ramene l'ordre.

C'est la position actuelle de la France ; son gouvernement voit les abus ; il cherche les moyens de les corriger. Ce moment paraîtrait donc favorable pour lui présenter des vérités qui sont *une ;* et si les principes de ce plan d'administration sont jugés depuis long-temps par l'opinion publique, ce doit être une raison pour qu'ils soient bien accueillis de l'administration actuelle.

Heureux pour la nation, le jour où ils seront adoptés ! Ce sera l'époque la plus intéressante des *fastes* de ce regne, puisque la postérité la plus reculée jouira du bien-être de cette révolution qui donnera à la France toute la prépondérance que son territoire et ses richesses propres lui assurent sur toutes les nations de l'Europe.

TABLE

# TABLE

# DES MATIERES.



## PREMIERE PARTIE.



D d

## SECONDE PARTIE.

# TROISIEME PARTIE.

# QUATRIEME PARTIE.



## COMPARAISON DES NOUVEAUX IMPOTS AVEC LES IMPOTS ACTUELS.

## CINQUIEME PARTIE.

## SIXIEME PARTIE.

## ERRATA.

Cette marque = signifie *au lieu de*

Page 8, ligne 9, *lisez* établies en Languedoc, en Bourgogne, &c.

Page 13, ligne 9, *lisez* deux = trois experts.

Page 30, ligne 21, *lisez* riches = richesses.

Dans l'aperçu de la dette nationale, page 41, *lisez* 58,400,000# = 48,400,000#.

Tableau N°. 1, à la page du revenu général, article 3 millions d'arpens en 1500 villes, *lisez* 1360 = 1500.

Tableau N°. 4, situation actuelle, grand fermage, ligne 3, *lisez* 25# = 125#.

Tableau, N°. 5. *lisez* ELECTION DE LIONS = LYON.

Page 125, art. LXXVIII, ligne 3, *lisez* 200 mille = 100 mille.

Page 129, art. VII, ligne 5, *lisez* nobles = noble.

Page 204, paragraphe 4, *lisez* bestiaux = travaux.

## *Observations importantes à consulter.*

*Premiere.* Dans la section de la page 16, on pourrait trouver, au premier aspect, que la taille réelle, portée à 140 millions, présente une grande surcharge à la taille actuelle : il est donc nécessaire de faire observer que la taille réelle doit remplacer non-seulement le produit de la taille, mais même tous ses accessoires en capitation, corvées et taxes d'industrie; plus, une partie de la surcharge de l'impôt du tabac; plus, les droits d'aides pris en vignobles; plus, une partie des droits de traites et des droits sur les cuirs; plus, une partie des droits sur les huiles et savons, qui montent, pour la contribution des campagnes des provinces d'élection et des pays conquis, à plus de 180 millions; suppressions incalculables en faveur de l'agriculture et du commerce.

*Seconde.* Dans la section de la page 12, qu'on ne peut trop méditer, on voit que toutes les précautions sont prises pour assurer le passage difficile du changement de la perception; et si on veut adopter ce plan d'administration d'ici au 1er octobre, il est démontré que l'établissement et la perception des nouveaux impôts seront assurés au 1er janvier 1790, par l'enregistrement des édits, sur la nouvelle administration : alors la confiance se rétablira bientôt, le crédit renaîtra de leur publicité, et le Gouvernement trouvera d'autant plus facilement les fonds extraordinaires qu'il faudra pour le service de l'année 1789, jusqu'à l'époque de l'établissement des nouveaux impôts au 1er janvier 1790.

www.ingramcontent.com/pod-product-compliance
Ingram Content Group UK Ltd.
Pitfield, Milton Keynes, MK11 3LW, UK
UKHW012024240726
13965UKWH00002B/553